Think Single

südwest

BIRGIT ADAM

Think Single

GEBRAUCHSANWEISUNG FUR EIN **GLUCKLICHES** LEBEN ALLEIN

Inhaltsverzeichnis

Herzlich willkommen!

In Deutschland leben derzeit rund 11 Millionen Singles – alles arme, bemitleidenswerte, unglückliche Geschöpfe? Zugegeben, das Leben als Single ist nicht immer einfach. Mal ganz abgesehen davon, dass man niemanden zum Kuscheln hat, hält das Single-Dasein auch noch etliche andere Unannehmlichkeiten parat: Wenn wir zum Beispiel aus unerfindlichen Gründen morgen tot umfallen, ist niemand untröstlich über unser verfrühtes Ableben. Schon für einen einfachen Ölwechsel müssen wir das Auto in die Werkstatt bringen. Ein Salatkopf ist viel zu groß für eine einzige Person. Die sexy Unterwäsche, die wir uns neulich gekauft haben, wird so schnell niemand zu Gesicht bekommen – es sei denn, wir haben einen Arzttermin. Im Urlaub müssen wir den teueren Einzelzimmerzuschlag zahlen. Und dann ist da noch Tante Frieda: »Hast du etwa immer noch keinen Mann?« Wen wundert es da noch, dass wir Single-Frauen nur auf eines warten? Auf den Traumprinzen auf dem weißen Pferd, der uns von unserem grausamen Schicksal erlöst und uns endlich wieder eine Existenzberechtigung gibt!

Nach diesem Denkmuster leben viele Single-Frauen – doch das muss nicht sein! Dieses Buch zeigt, dass das Leben als Single ein vollkommen normaler Zustand ist und dass Sie sich auch ohne Partner noch lange nicht wie ein halber Mensch fühlen müssen. Es stellt die Vorteile des Single-Daseins heraus und zeigt, wie Sie diese optimal für sich nutzen können. Aber auch die Nachteile des Alleinlebens werden nicht unter den Teppich gekehrt – stattdessen erfahren Sie, wie Sie mit diesen so gut wie möglich fertig werden.

Doch propagiert dieser Ratgeber keineswegs das Single-Dasein als Idealzustand. Das hätte nicht nur für unsere Renten katastrophale Auswirkungen, sondern würde auch das natürliche Bedürfnis der Menschen nach Liebe und Zuwendung verleugnen. Nein, es geht vielmehr darum, die Single-Zeit optimal zu nutzen und die Zeit, die wir allein verbringen, nicht als verlorene Zeit anzusehen. Das Leben mit sich selbst kann eine aufregende Entdeckungsreise sein – lassen Sie sich darauf ein!

Der Single

– eine geheimnisvolle Spezies

Zum Einstieg nimmt dieses Kapitel das Phänomen »Single« etwas genauer unter die Lupe, indem es Statistiken auswertet, verschiedene Single-Typen vorstellt und den Unterschied zwischen dem Mythos »Single« und der Realität beleuchtet.

Ein paar Zahlen vorneweg

Wie viele Exemplare der Gattung »Homo singulus« gibt es eigentlich? Das ist nicht so einfach zu bestimmen. Statistiken sagen uns immer wieder, dass Einpersonenhaushalte in Deutschland auf dem Vormarsch sind. Bei einer Einwohnerzahl von derzeit 82 Millionen lebt in jedem sechsten Haushalt nur eine Person. Doch das heißt noch lange nicht, dass diese Person auch tatsächlich Single ist, denn sie kann ja irgendwo in einem anderen Einpersonenhaushalt – in einer anderen Stadt, in einer anderen Straße oder sogar im Nachbarhaus – einen Partner haben. Auch wohnen vielleicht drei Singles zusammen in einer WG und sind deshalb in dieser Statistik nicht erfasst. Oder eine alleinerziehende Mutter lebt mit ihren zwei Kindern zusammen – sie ist Single, wohnt aber nicht in einem Einpersonenhaushalt. Die Statistik über die Haushaltsgröße ist also nicht aussagekräftig, wenn es darum geht, die Anzahl der Singles zu bestimmen. Doch gibt es noch andere brauchbare Quellen?

Eine Studie der Online-Partnervermittlung *Parship* aus dem Jahr 2004 kam auf 11,2 Millionen Singles zwischen 18 und 69 Jahren. Das entspricht einem Anteil von 13,6 Prozent. Dazu kommen noch circa 1,6 Millionen alleinerziehende Mütter. Interessant ist, dass die Zahl der Singles seit 50 Jahren mehr oder weniger konstant ist – den so oft beschworenen Trend zur Single-Gesellschaft gibt es also nicht. Und wenn wir schon bei Zahlen sind: Die Zeitschrift *Glamour* will wissen, dass 77 Prozent der Frauen um die 30 – und 90 Prozent der Frauen zwischen 18 und 35 – nach zwei Jahren Single-Leben wieder verliebt sind. Das ist doch auch schön, oder?

Single ist nicht gleich Single

Dass die genaue Anzahl der Singles so schwer zu bestimmen ist, liegt unter anderem daran, dass Singles keine homogene Gruppe bilden. Ob Männlein oder Weiblein, Hetero oder Homo, alt oder jung, Akademiker oder Nicht-Akademiker, geschieden, verwitwet oder noch auf der Suche nach dem oder der Richtigen – alle diese Menschen sind zurzeit alleinstehend und fallen daher in die Kategorie »Single«.

Über alle gesellschaftlichen Unterschiede hinweg verbindet diese Menschen nur eine Tatsache: nämlich ihr Single-Dasein. Darüber hinaus hat jeder von ihnen seine ureigene Geschichte und seine ganz individuellen Gründe, warum er oder sie gerade keinen Partner hat. Der eine wurde vielleicht von der Liebe seines Lebens verlassen und leidet so sehr unter seinem gebrochenen Herzen, dass er sich nicht vorstellen kann, sich jemals wieder zu verlieben. Die andere dagegen genießt es, von allen Seiten umschwärmt zu werden und möchte sich nicht auf ein einziges Exemplar des männlichen Geschlechts festlegen. Wieder eine andere fühlt sich als Single jedoch nur als halber Mensch und ist verzweifelt auf der Suche nach einem neuen Partner – lieber geht sie einen faulen Kompromiss ein, als auch nur einen Tag länger allein zu sein.

Da sich in der Kategorie »Single« Menschen von unterschiedlichem Geschlecht, Alter, Bildungsstand und sexueller Orientierung tummeln, ist der Single an sich eine schlechte Zielgruppe. Dies musste ich übrigens auch erfahren, als ich das Konzept für dieses Buch entwickelte. Bei verschiedenen Verlagen stieß ich mit meinem Vorhaben auf Ablehnung, eben weil es *den* Single-Mann oder *die* Single-Frau nicht gibt.

Singles als Zielgruppe
Bei so gut wie allen Produkten, die für Singles gedacht sind, muss man den weiten Begriff Single also einschränken. Dies gilt für dieses Buch genauso wie zum Beispiel für Single-Reisen, die mittlerweile von vielen Veranstaltern angeboten werden. Ein Spaß suchender Mittzwanziger wird hier vermutlich andere Interessen haben als eine Mittvierzigerin, bei der kulturelle Interessen im Vordergrund stehen.

Freiwillig oder unfreiwillig?

Eine Kategorie, in die man Singles einteilen könnte, ist in freiwillige und unfreiwillige Singles, doch auch hier sind die Übergänge oft fließend. Eine Frau hat vielleicht mit ihrem Freund Schluss gemacht, weil sie einsah, dass die Beziehung keinen Sinn mehr hat. Doch glücklich ist sie mit dieser Entscheidung nicht, und auch dem Alleinsein kann sie nicht viel abgewinnen. Sie wurde zwar freiwillig Single, würde diesen Zustand allerdings am liebsten schon morgen wieder beenden. Eine andere Frau wurde dagegen von ihrem Partner verlassen – wegen einer anderen. Sie wurde ganz und gar unfreiwillig zum Single, stellte dann aber fest, dass das Leben allein gar nicht so schlimm ist, jedenfalls für eine begrenzte Zeit. Bevor sie einen Kompromiss eingeht, bleibt sie lieber erst einmal solo. Ist sie nun also plötzlich freiwillig Single?

Von Pseudo-Singles und Einzelgängern: Die verschiedenen Single-Typen

Auch wenn es – wie bereits erwähnt – den Single nicht gibt und eine Unterscheidung nach freiwillig und unfreiwillig schwierig ist, lassen sich die meisten Singles doch bestimmten Typen zuordnen. Denken Sie doch einmal an Ihren Freundes- und Bekanntenkreis, in dem es sicherlich auch einige Partnerlose gibt. Vielleicht finden Sie ja den einen oder anderen – oder vielleicht sich selbst – auf den folgenden Seiten wieder?

Single auf Zeit

Der Single auf Zeit sieht sein Single-Dasein als ein Übergangsstadium, von dem er so schnell wie möglich erlöst werden will – und meist gelingt ihm das auch. Er ist kontaktfreudig, geht gerne unter Menschen und tummelt sich vor allem dort, wo auch viele andere Bindungswillige zu finden sind.

Selbst wenn der Mann oder die Frau fürs Leben nicht dabei ist, so haben diese Singles doch meist einen riesigen Kreis von Freunden und Bekannten, über die sie wiederum neue Menschen kennenlernen.

Single wider Willen

Der Single wider Willen wurde – wie sein Namen schon sagt – gegen seinen Willen »gesinglet«. Und mit diesem Zustand kann er sich so gar nicht anfreunden, geht im Leben seiner Meinung nach zu zweit doch einfach alles besser und schneller. Deshalb kann er seiner neuen Freiheit auch überhaupt nichts abgewinnen und trauert den guten alten Zeiten hinterher, als er noch in einer Beziehung gelebt hat. Damit er nur endlich wieder jemand findet, macht er auch gerne einmal Abstriche. Lieber ein unvollkommener Partner als gar keiner, so lautet seine Devise.

Frust-Single

Nach einer bitteren Enttäuschung schwört der Frust-Single dem anderen Geschlecht ab, und zwar für immer und ewig. Auf dem CD-Spieler laufen *Die Ärzte* mit *Männer sind Schweine* in endloser Wiederholung, und an allem Übel dieser Welt sind sowieso nur die Männer schuld. Einen solchen Single in seinem Bekanntenkreis zu haben, kann sehr unterhaltsam sein, wenn man wieder einmal so richtig ungehemmt über die Männerwelt ablästern möchte.

Als Frischverliebte hingegen sollten Sie diese Spezies meiden. Sie wird nichts unversucht lassen, Ihnen den Traumprinzen madig zu machen. Frust-Singles laufen – wie alle »Schwarz-Weiß-Maler« – Gefahr, das Gute nicht mehr zu erkennen, selbst wenn es sich direkt vor ihrer Nase befindet. Sie sehen in jedem männlichen Wesen gleich den Teufel höchstpersönlich und geben den wirklich netten Exemplaren deshalb von vornherein keine Chance.

Panik-Single

Oh mein Gott, wie soll ich nur allein die nächsten Tage, Wochen oder gar Monate überstehen? Und wenn ich nie wieder einen Mann finde? Muss ich wirklich alt, einsam und kinderlos sterben? Der Panik-Single kommt mit dem Leben allein nicht zurecht und braucht immer jemanden, der ihm beisteht und einen Lebenszweck gibt. Bei jedem potenziellen Kandidaten wird sofort die gemeinsame Zukunft geplant.

Wenn Sie sich also bei jedem Mann, den Sie kennenlernen, sofort vorstellen, wie er im Hochzeitsanzug neben Ihnen aussieht, gehören Sie sehr wahrscheinlich zu dieser Single-Gattung.

Beute-Single

Den Beute-Single könnte man auch als Sammler oder Sammlerin bezeichnen. Sie haben aus Prinzip keinen Partner, denn wieso sollten sie sich auf einen einzigen Menschen festlegen, wenn es doch eine so große Auswahl gibt? Für sie ist die Bar am Samstagabend ein lauter, verrauchter Supermarkt – sie müssen einfach nur zugreifen und sich nehmen, was sie wollen. Kann Spaß machen – nur schade, dass dieses Verhalten bei Frauen nach wie vor gerne mit dem Etikett »Schlampe« versehen wird.

Single-plus

Diese Singles können männlich oder weiblich sein und sind nur im Paket zu haben: mit einem oder mehreren Kindern. Für jemanden, der einen Single-plus erobern will, kann das ganz schön schwierig sein. Er muss nicht nur das Herz des Singles, sondern auch das des Nachwuchses gewinnen. Und er muss sich damit abfinden, dass die Kinder immer an erster Stelle kommen. Dafür haben Singles mit Kind nie das »Keiner liebt mich, ich bin so allein, meine Wohnung ist so leer«-Gefühl. Es gibt immer jemanden, der sie braucht, liebt und ihrem Leben einen Sinn gibt.

Pseudo-Single

Der Pseudo-Single ist eigentlich gar kein Single. Er lebt in einer Beziehung, doch die interessiert ihn meist nicht besonders. Stattdessen führt er weiterhin ein Single-Leben, zieht mit den Jungs oder Mädels um die Häuser und schaut, ob sich nicht doch noch etwas Besseres findet.

Wochenend-Single

Dieser Single wird auch Kurzzeit-Single genannt und tritt immer dann in Erscheinung, wenn der Partner nicht verfügbar ist – zum Beispiel weil er auf Geschäftsreise, im Fußballstadion oder beim Mountainbiken ist. Dann ist plötzlich wieder die alte »Mädels-Runde« gefragt, und man hat wieder Zeit und Lust, etwas ohne den Partner zu unternehmen. Aus der Perspektive der Lückenbüßerin eine sehr einseitige Freundschaft.

Karriere-Single

Auch der Karriere-Single ist eigentlich kein richtiger Single. Er ist nämlich verheiratet – mit seinem Job. Doch ob man sich an den auch ankuscheln kann, wenn man sich einsam fühlt?

Der Einzelgänger

Für ihn wurde das Wort »verschroben« erfunden. Dazu gehören Personen, die im Urlaub auf eine zweimonatige Expedition durch die Sahara gehen. Allein. Die nichts und niemanden brauchen. Die mit der Zeit etwas seltsame Eigenheiten entwickelt haben. Deren Gesellschaft für ihre Mitmenschen nicht immer leicht zu ertragen ist. Und die in früheren Zeiten entweder als Heilige verehrt (Männer) oder als Hexen auf dem Scheiterhaufen verbrannt (Frauen) wurden.

Der glückliche Single

Dieser Begriff – so liest man immer wieder – sei ein Oxymoron. Für alle, deren Erinnerung an den Deutschunterricht nicht mehr allzu frisch ist: Ein Oxymoron ist eine Kombination von zwei sich widersprechenden Begriffen. »Bittersüß« wurde mir damals von meinem Deutschlehrer als Beispiel dafür genannt. Denn was bitter ist, kann nicht gleichzeitig auch süß sein, so zumindest die landläufige Meinung.

Oder eben: Wer Single ist, kann nicht glücklich sein. Und trotzdem gibt es den Begriff »bittersüß« – und den glücklichen Single. Was ein glücklicher Single genau ist, das wissen Sie hoffentlich nach der Lektüre dieses Buches. Laut meiner ureigenen Definition ist das ein Mensch, der sein Single-

Dasein nicht als Strafe begreift, sondern als Chance, sich selbst zu finden. Der begreift, dass er ohne Partner genauso viel wert ist wie mit einem. Und der dann irgendwann einmal wieder eine Partnerschaft eingeht, nicht weil er einen Partner braucht, sondern weil er einen Partner möchte. Vielleicht gehören ja eines Tages auch Sie zu dieser seltenen Gattung ...

Mythos und Realität

Es ist zwar langweilig, einzelne Kapitel immer mit dem gleichen Satz zu beginnen, aber wenn uns die vorhergehenden Abschnitte eines gezeigt haben, dann das: *Den* Single gibt es nicht.

Ein weiterer Aspekt, der es uns erschwert, uns ein eindeutiges Bild von einem Single zu machen, ist die große Diskrepanz zwischen Mythos und Realität. Noch immer geistert das Bild des »Swinging Single« in den Köpfen umher, vor allem in den Köpfen von Menschen, die in einer festen Partnerschaft leben. Der Swinging Single, egal ob männlich oder weiblich, lässt sich durchs Leben treiben und tut, was ihm gefällt und mit wem es ihm gefällt. In den Fantasien der anderen ist dieses Leben spannend, denn schließlich geht die Single-Frau jedes Mal mit einer aufregenden Chance aus dem Haus: Sie kann jederzeit den Mann fürs Leben finden – und wenn er es nicht ist, so hatte sie wenigstens tollen Sex! Oft genügt es schon, nur zu erwähnen, dass man momentan Single ist und schon laufen die abenteuerlichsten Filme im Kopf der Mitmenschen ab. TV-Serien wie *Sex and the City* haben dazu noch das das ihrige beigetragen. Auch wenn *Sex and the City* hauptsächlich von Frauen gesehen wurde, so blieb es doch den Herren der Schöpfung nicht verborgen, dass es eine solche Serie gibt, und schon haben viele ein ganz bestimmtes Frauenbild vor Augen. Mir selbst ist es schon mehrfach passiert, dass ein Mann zu einer ganz einfachen Rechnung kam, wenn er mich kennenlernte: Single + Journalistin = Carrie. Dabei hätte ein Blick auf meine Schuhe (an diesem Abend schwarze

Chucks) genügt, um festzustellen, dass ich mit der Carrie aus dem Fernsehen nur relativ wenig gemein habe!

Das Frauenmagazin *Joy* schlug im Juli 2006 ebenfalls in diese Kerbe: »Unglaublich, was da abgeht: Single-Sex – fünf Fälle, eine Erkenntnis: ›Ein Typ allein reicht nicht!‹«, prangte auf dem Titelblatt. Aber mal ehrlich: Ich weiß zwar nicht, wie es bei Ihnen aussieht, aber ich für meinen Teil bin nach einem anstrengenden Arbeitstag viel zu erschöpft, um Verabredungen mit drei verschiedenen Typen zu organisieren oder um mich stundenlang vor den Spiegel zu stellen, in unbequeme Highheels zu werfen und dann durch die angesagten Locations der Stadt zu ziehen – immer auf der Suche nach Mr. Right. Die Realität sieht vielmehr so aus, dass ich mich vor den Fernseher setze und *Emergency Room* anschaue. Kurz gesagt: Mein Single-Abend unterscheidet sich gar nicht so sehr von dem vieler Paare – nur dass ich eben allein auf meiner Couch sitze.

Und ich glaube, dass ich da keineswegs die Einzige bin – nur dass viele Frauen das niemals zugeben würden. Stattdessen messen sie sich an unsinnigen Fernsehserien und sind doppelt deprimiert: Zum einen, weil sie sich ohne Partner sowieso schon nur wie ein halber Mensch fühlen und zum anderen, weil sie es nicht einmal schaffen, dem Bild von einer Single-Frau zu entsprechen, das ihnen die Medien vorgaukeln. Doch damit sind wir schon beim nächsten Kapitel: Der weltweiten Verschwörung gegen die Singles.

Jeder Topf hat seinen Deckel

Die weltweite Verschwörung gegen Singles

Das Leben als Single ist nicht immer leicht. Oft ist es sogar richtig schwer. Und manchmal scheint es, als habe sich die ganze Welt gegen Alleinstehende verschworen. Sie glauben, das ist übertrieben? Dann haben Sie wohl noch nie einen teuren Einzelzimmerzuschlag im Hotel zahlen müssen oder waren an einem Pärchenabend noch nie das fünfte Rad am Wagen. Oder etwa doch? Von neugierigen Fragen und gut gemeinten Ratschlägen von Eltern, Verwandten, Freunden und so weiter einmal ganz zu schweigen ... Wie weit diese weltweite Verschwörung gegen die Singles schon fortgeschritten ist, zeigt dieses Kapitel.

Ach, Singles – gibt's so was auch?

Zuerst einmal müssen sich Singles damit abfinden, dass die Welt sich an Paaren orientiert. Die Lebensform »Single« findet in der Alltagswelt einfach nicht so viel Beachtung wie die Lebensform »Paar« – vielleicht auch deswegen, weil die Singles eine so diffuse Gruppe sind (siehe Seite 9f.). Es gibt eigentlich nur einen Bereich, in dem Singles große Aufmerksamkeit zuteil wird: die Partnervermittlung. Wenn es darum geht, einen passenden Deckel zu finden, sind Singles als zahlungskräftige Kunden auf einmal gerne gesehen. Aber ansonsten? Da führt der Single leider ein ziemliches Schattendasein.

Ein kleiner Einkaufsbummel

Unternehmen Sie nur einmal einen Streifzug durch die Geschäfte Ihrer Stadt. Im Buchladen werden Sie eine Fülle von Beziehungsratgebern finden, doch nur wenige Ratgeber, die sich an Singles wenden. Und wenn doch, dann geht es darum, schnellstmöglich den Partner fürs Leben zu finden. Bücher wie dieses, die doch tatsächlich behaupten, dass ein Mensch auch ohne Partner wertvoll ist, sind (noch) Mangelware. Bei den Kochbüchern

geht es weiter: Zwar kann sich niemand darüber beklagen, dass es zu wenige davon gibt, doch wie viele Kochbücher gibt es, in denen Gerichte für eine Person vorgestellt werden? Normalerweise sind die Zutaten für vier Personen berechnet – wer für sich allein kochen möchte, muss erst einmal den Taschenrechner zücken und alles schön säuberlich durch vier teilen. Vielleicht ernähren sich deshalb so viele Singles von Fertiggerichten?

Doch auch diese Fertiggerichte müssen Singles erst einmal kaufen, und die weltweite Verschwörung hat auch vor dem Supermarkt nicht haltgemacht. Ich wohne mitten in der Stadt, in einer Gegend also, in der erfahrungsgemäß besonders viele Einpersonenhaushalte liegen. Meinen Sie, der Supermarkt meines Vertrauens hätte sich darauf eingestellt? Nein, alles gibt es nur in Großpackungen für den traditionellen Vier-Personen-Haushalt. Nun habe ich aber oft keine Lust, vier Tage hintereinander Gnocchi zu essen oder eine ganze Wassermelone auf einmal hinunterzuschlingen. Also lasse ich von bestimmten Lebensmitteln eben gleich die Finger – und esse sie dann lieber im Restaurant, wo ich sie in der passenden Portion serviert bekomme.

Auf dem Präsentierteller

Eine Sache, die ich äußerst ungern allein tue, ist ohne Begleitung ins Restaurant zu gehen. Lieber esse ich schnell etwas in einer Kaufhaus-Cafeteria oder an einem Imbissstand, anstatt mich ganz allein in ein »richtiges« Restaurant zu setzen. Mal abgesehen davon, dass es immer noch Ober gibt, die eine einzelne Person – vor allem, wenn das Restaurant auch noch gut besucht ist – mit dem Katzentisch abspeisen, komme ich mir immer vor wie auf dem Präsentierteller – Gericht des Tages: »Single«. Ich bilde mir ein, dass

Klein, aber teuer
Wenn es dann doch einmal kleinere Packungen gibt, so sind diese verhältnismäßig teuer. Eine 500 g-Packung Toast kostet in meinem Supermarkt zum Beispiel 99 Cent, die 250 g-Packung jedoch keineswegs die Hälfte – wie man vermuten könnte –, sondern 89 Cent. Hier bleibt mir also die Wahl: Entweder ich werfe die Hälfte weg, oder ich zahle drauf.

mich alle anstarren und sich fragen, warum diese arme Frau hier ganz allein sitzt. Das ist natürlich kompletter Unsinn, denn erstens sind alle anderen Gäste viel zu sehr mit ihrem Essen und ihrer Begleitung beschäftigt, und zweitens geht es auch niemanden etwas an, warum ich allein im Restaurant sitze. Ist es denn so verwerflich, sich selbst mit einem guten Essen zu verwöhnen? Eigentlich sollte ich ins Nobelrestaurant meiner Wahl spazieren und hoch erhobenen Hauptes sagen: »Einen Tisch für eine Person, aber bitte mit Aussicht!«

Urlaub in der Einzelzelle

Rückt der Sommer langsam näher, so wird uns ebenfalls wieder einmal bewusst, dass die Welt nur auf Paare ausgerichtet ist. Worauf ich hinaus will: Sind Sie schon einmal allein verreist? Geschäftlich ist das nicht weiter problematisch, denn dann sind Sie ja im Auftrag der Firma unterwegs und da hat der Partner sowieso nichts zu suchen. Aber privat? Wer durch Reiseprospekte blättert, merkt schnell: Die Übernachtungspreise sind pro Person im Doppelzimmer angegeben. Für ein Einzelzimmer wird aber nicht etwa einfach der halbe Preis fällig, sondern irgendetwas zwischen der Hälfte und dem vollen Preis. Schließlich erhält der Alleinreisende in der Regel ein Doppelzimmer zur Alleinbenutzung, und das Hotel möchte dafür natürlich möglichst den vollen Betrag bekommen. Und gibt es dann doch einmal »richtige« Einzelzimmer, so ähneln diese oft eher einer Schuhschachtel oder einer Einzelzelle. Als Paar lebt es sich im Urlaub also definitiv schöner und vor allem auch deutlich billiger.

Manifest der Singles – Punkt 1
Singles sind ganz normale Menschen, die genau wie andere auch einkaufen, essen gehen oder in den Urlaub fahren wollen. Deshalb sollten Sie auch genauso viel Aufmerksamkeit bekommen wie alle anderen.

Viele Reisepakete, die aus Flug und Mietwagen bestehen, und beispielsweise für die USA angeboten werden, gelten ebenfalls für zwei Personen. Wer hier nicht eine Freundin oder auch einen guten Freund als Begleitung hat, zahlt leider drauf.

Zumutbare Jobs und Ehegattensplitting:
Die Politik

Auch die Damen und Herren Politiker scheinen sich gegen Singles verschworen zu haben. Wie heimtückisch sie dabei vorgehen, erfahren Sie auf den folgenden Seiten.

Ihr Kinderlein kommet ...

Als dieses Buch entstand, bekamen wir es von allen Seiten immer wieder zu hören: Die Deutschen bekommen zu wenig Kinder, in einigen Jahren leben wir in einem gigantischen Altersheim und nagen noch dazu am Hungertuch, denn wer soll dann noch die Renten bezahlen? Schuld daran sind wieder einmal die Frauen, vor allem die so genannten Karrierefrauen, denen Selbstverwirklichung und ein hohes Einkommen wichtiger sind als das Mutterglück. Und natürlich die egoistischen Singles mit ihrer Bindungsunwilligkeit oder -unfähigkeit, die die Welt als einen großen Abenteuerspielplatz sehen und keine Verantwortung übernehmen wollen.

Es ist klar, dass einer Gesellschaft, in der manche Parteien die Frauen am liebsten wieder zurück an den Herd schicken würden, Single-Frauen suspekt sind – verweigern sie sich doch ihrer natürlichen Rolle als Ehefrau und Mutter. Davon, dass es aber auch genügend Männer gibt, die ebenfalls keine Kinder produzieren, spricht dagegen niemand. Aber die haben ja auch noch Zeit! Ein Mann, der mit 35 noch nicht die Frau fürs Leben gefunden hat, lässt sich eben noch ein wenig Zeit mit der Familiengründung. Soll er sich doch erst einmal austoben, Karriere machen und seinen Platz in der Welt erobern. Kinder kann er immerhin noch 40 Jahre lang zeugen, wenn man die durchschnittliche Lebenserwartung eines deutschen Mannes von 75 Jahren zugrunde legt. Bei einer Frau sieht das ganz anders aus. Hat sie erst einmal das 35. Lebensjahr erreicht und ist sie immer noch kinderlos, dann sind schon bald Hopfen und Malz verloren.

Hat sie noch nicht einmal einen Partner, mit dem sie Kinder in die Welt setzen kann, dann ... Ja dann ist sie praktisch persönlich schuld, wenn Deutschland vergreist.

Aber lassen wir dieses Thema, denn schließlich geht es in diesem Buch nicht um die Kinderlosigkeit oder das Aussterben ganzer Völker, sondern um die Single-Frau. Und die könnte dem Aussterben ihres Volkes immerhin noch dadurch entgegenwirken, dass sie nachts durch die Clubs zieht, sich ein prächtiges Exemplar des anderen Geschlechts aussucht, eine Nacht lang aufregenden Sex hat und dabei »ganz zufällig« schwanger wird – eine Praxis, die übrigens in Japan immer öfter vorkommt, da dort viele junge berufstätige Frauen zwar ein Kind, aber keinen Mann möchten. Aber wollen wir ernsthaft alleinerziehende Mütter sein? Wo doch nach wie vor die Kinderbetreuungsmöglichkeiten nicht ausreichen, Frauen mit Teilzeitarbeit auf dem Karriereabstellgleis landen und ein erschreckender Teil der alleinerziehenden Mütter von Sozialhilfe lebt? Nein, ein Mann sollte dann doch her, wenn wir schon ein Kind wollen – also müssen wir erst einmal unseren Single-Status beenden.

Arbeitslos und quer durch Deutschland geschubst

Es gibt aber noch andere Bereiche, in denen die Politik ganz schön unsanft mit Singles umspringt. Ein arbeitsloser Single müsste Jobs im gesamten Bundesgebiet annehmen, wenn man ihm denn irgendwo einen solchen vermitteln könnte. In §121 unseres Sozialgesetzbuches heißt es dazu: »Ein Umzug zur Aufnahme einer Beschäftigung außerhalb des zumutbaren Pendelbereichs ist einem Arbeitslosen zumutbar, wenn nicht zu erwarten ist, dass der Arbeitslose innerhalb der ersten drei Monate der Arbeitslosigkeit eine Beschäftigung innerhalb des zumutbaren Pendelbereichs aufnehmen wird. Vom vierten Monat der Arbeitslosigkeit an ist einem Arbeitslosen ein Umzug zur Aufnahme einer Beschäftigung außerhalb des zumutbaren Pendelbereichs in der Regel zumutbar. Dies ist nicht anzuwenden, wenn dem Umzug ein wichtiger Grund entgegensteht.

Ein wichtiger Grund kann sich insbesondere aus familiären Bindungen ergeben.« Wobei mit »familiären Bindungen« in der Regel eine Ehe gemeint ist. Als ob Singles keinerlei örtliche Bindungen besäßen: Familie, lange gewachsene Freundschaften oder die Tatsache, dass es einem in einer bestimmten Gegend ganz einfach gefällt – das alles zählt in den Augen der Damen und Herren Abgeordneten nichts!

Ich kann mich noch gut an die Zeit erinnern, als ich mit meinem Studium fertig wurde. Viele meiner Freundinnen hatten damals für das Lehramt studiert, und je näher das Staatsexamen rückte, desto mehr ging vor allem eine Angst um: einer Schule irgendwo auf dem Land zugewiesen zu wer-

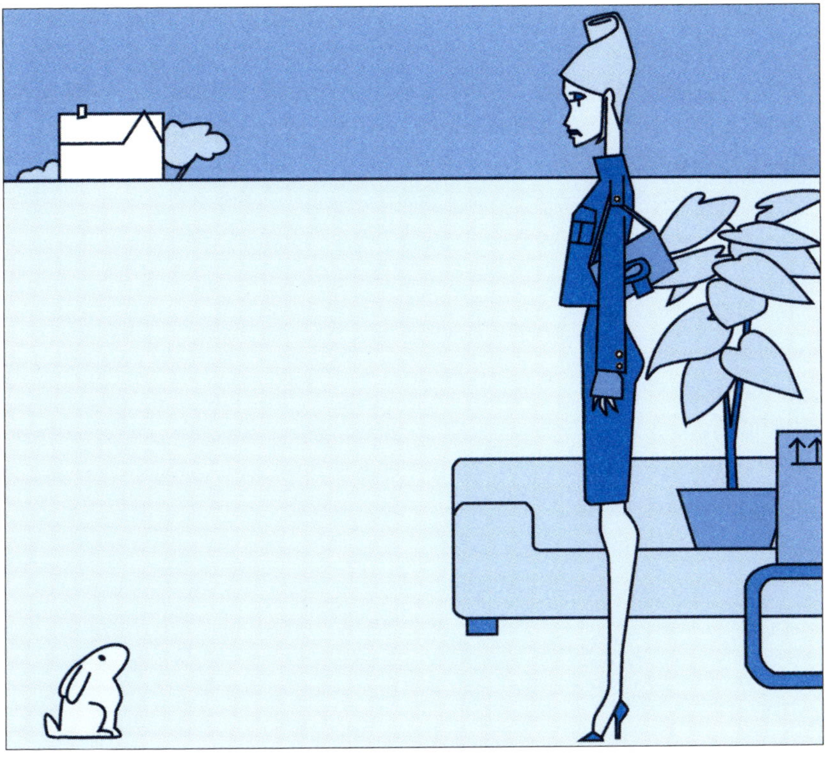

den und den Rest des Lebens in der bayerischen Provinz verbringen zu müssen. Und was taten viele meiner glücklich liierten Freundinnen da? Schnell wurde der Liebste geehelicht, der bereits einen Job in München oder Nürnberg hatte, sodass man »aus Familiengründen« in der geliebten Stadt bleiben konnte. Und aus steuerlicher Sicht war das natürlich auch viel besser – jetzt, wo beide ein Einkommen nach Hause brachten.

Der Single und das Finanzamt

Womit wir schon bei einer weiteren Benachteiligung der Singles beziehungsweise Bevorzugung von Ehepaaren wären – und wohlgemerkt nur Ehepaaren, langjährige »Ehen ohne Trauschein« zählen hier nämlich auch nicht. Verheiratete können das so genannte »Ehegattensplitting« in Anspruch nehmen und dadurch Steuern sparen.

Hierbei wird das Einkommen der Eheleute zusammengerechnet und durch zwei geteilt. Aus diesem Betrag ergibt sich dann die Höhe der Steuern. Allerdings profitieren von diesem Modell nur diejenigen Ehen, in denen ein Partner (dreimal dürfen Sie raten, welcher das in der Regel ist) wesentlich weniger als der andere verdient oder gar nicht arbeitet. Bei Paaren, die in etwa gleich verdienen, ist der Steuervorteil dagegen gleich null. Eines bleibt jedoch unbestritten: Paare haben die Möglichkeit, ihre Steuerlast zu reduzieren, indem sie heiraten, der Single hingegen wird zur Kasse gebeten. Zumindest das Finanzministerium freut sich also über die wachsende Zahl der Singles – solange sie gut verdienen und brav ihre Steuern zahlen jedenfalls!

Manifest der Singles – Punkt 2
Leider können Singles gegen diese Benachteiligung durch die Politik oder ihre subtile Art, ihnen ein schlechtes Gewissen zu machen, nicht viel tun – außer heiraten. Oder eine Single-Partei gründen. Und dann Bundeskanzlerin werden.

Alte Jungfer, Schlampe oder Lesbe – Die Vorurteile der Gesellschaft

Haben wir erst einmal ein gewisses Alter erreicht, fällt es uns plötzlich nicht mehr so leicht zuzugeben, dass wir ungebunden sind. Ab einem gewissen Alter werden wir auch von der Gesellschaft schief angesehen, wenn wir immer noch allein sind. Wann dieses bestimmte Alter beginnt, ist unterschiedlich. Als ich, damals 27 und wieder einmal solo, mit dem Rucksack durch Vietnam reiste, las ich in meinem sehr informativen Reiseführer, dass Frauen dort schon als etwas seltsam gelten, wenn sie mit 25 noch nicht unter der Haube sind. Sofort überlegte ich, ob ich nicht irgendeinen fiktiven Partner erfinden sollte, der beruflich so stark eingespannt ist, dass er mich nicht begleiten kann. Ist eine Lüge nicht immer noch besser, als »seltsam« zu sein?

In Deutschland liegt die Altersgrenze zwar etwas höher, doch wenn eine Frau mit über 30 immer noch unbemannt ist, setzt das Getuschel ein: Ein wenig verschroben muss sie ja schon sein, hätte sie sonst nicht schon längst einen Partner gefunden? Wer so egoistisch ist und immer nur an die Karriere denkt – kein Wunder, dass in ihrem Leben kein Platz für einen Partner ist! Jetzt ist sie schon seit mehreren Jahren ohne Mann – ist sie vielleicht lesbisch? Schon wieder ein Neuer – langsam ist sie für solche Spielchen doch wirklich ein wenig zu alt.

Als Single hat man mit einer ganzen Menge Vorurteile zu kämpfen und ist fast automatisch in einer Verteidigungsposition. Dass ein Single gleichzeitig ein guter Mensch sein kann, wird von vielen bezweifelt. So vermeldete dann auch die *Süddeutsche Zeitung* am 28.1.2005 ein wenig überrascht: »Der Single ist besser als sein Ruf« und widerlegte im folgenden Artikel einige gängige Vorurteile, die da lauten (ich zitiere):

- »Singles denken nur an ihren Spaß«
- »Singles wollen keine Kinder«

- »Singles sind auf Sex fixiert«
- »Singles sind frustriert«
- »Singles haben keine Lust auf Gruppendynamik«
- »Singles sind egoistisch«

Das alles ist offenbar nicht immer so – oh Wunder! Und wer sagt denn, dass all diese »schlechten« Eigenschaften unbedingt typisch für Singles sind? Gibt es nicht auch Paare, die sich gegen Kinder entscheiden? Kann nicht auch eine Partnerschaft in erster Linie von Sex zusammengehalten werden? Und kann sich Frust nicht auch in eine vermeintlich glückliche Beziehung einschleichen? Mit Sicherheit gibt es Singles, die frustriert, egoistisch und kinderfeindlich sind, doch all diese Eigenschaften kann man ebenso in einer Partnerschaft finden. Singles sind eben ganz normale Menschen mit guten und schlechten Eigenschaften und unterscheiden sich meist nur in einem kleinen, aber ach so wesentliche Detail von der Masse der Paare – dadurch, dass sie gerade keinen Partner haben. Aus welchem Grund auch immer.

Vor allem zu dem Vorurteil »Singles sind frustriert« möchte ich noch etwas hinzufügen, denn es scheint am hartnäckigsten in den Köpfen der Menschen festzusitzen: Als dieses Buch entstand, startete die *Bild* gerade ihre Single-Börse zur Fußball-WM. Und wie lauteten die Slogans, die überall an Bushaltestellen zu lesen waren? »Wer holt mich aus dem Abseits?« oder »Wer bringt mich wieder zum Jubeln?« Ich glaube, dass es viele Singles gibt, die sich keineswegs im Abseits fühlen, sondern geradewegs auf ihr persönliches Tor zustürmen. Und leider gibt es auch viele Menschen, denen in ihrer Partnerschaft das Jubeln schon lange vergangen ist.

Manifest der Singles – Punkt 3
Wie alle anderen Menschen sind Singles ab und zu frustriert oder egoistisch und vielleicht auch »seltsam«. Aber nicht immer steht das im Zusammenhang mit ihrem Single-Dasein.

Die Single-Frau –
ein beliebtes Opfer

Ob Freunde und Verwandte, Eltern oder Kollegen – immer wieder gibt es Menschen, die das eine oder andere Attentat auf die Single-Frau starten, meist psychologischer Natur ...

»Du, ich weiß da was ...« – Gute Ratschläge

Haben Sie schon einmal im Freundes- oder Kollegenkreis erzählt, dass Sie zurzeit schlecht einschlafen können? Dann hat jeder gleich sein persönliches Hausrezept parat: abends nichts Schweres mehr essen, ein entspannendes Bad nehmen, keine aufregenden Filme im Fernsehen ansehen, mit einem Ritual den Tag zum Abschluss bringen, Baldrian nehmen und so weiter und so fort. Genauso verhält es sich mit einer anderen »Störung«: dem Single-Dasein. Auch hier hat jeder ein paar wohl gemeinte Ratschläge parat – egal, ob wir darum gebeten haben oder nicht. »Ich habe da gerade erst etwas im Fernsehen gesehen. Immer mehr Menschen finden ihren Partner im Internet.« Oder, »Am Samstag ist in der Bar XYZ ein Speed-Dating. Willst du da nicht mal hinschauen?« Oder: »Kindchen, du sollst nicht immer so viel arbeiten. Kein Wunder, dass du zu erschöpft bist, um noch auszugehen und jemanden kennenzulernen. « Oder, oder, oder.

Geht es darum, endlich einen Partner zu finden, haben vor allem glücklich Liierte stets einen Tipp parat: »Ach, bei mir hat es genau dann geklappt, als ich am wenigsten gesucht habe. Warte nur ab, irgendwann kommt der Richtige schon.« Leider helfen uns diese Ratschläge überhaupt nicht, vor allem

Manifest der Singles – Punkt 4
Freunde, Verwandte und Kollegen dürfen Singles gerne mit Rat und Tat zur Seite stehen – wenn sie um ihre Meinung gebeten werden. In allen anderen Fällen können Singles auf ihre guten Ratschläge gerne verzichten.

dann nicht, wenn wir sowieso schon mies drauf sind. Wenn es so einfach wäre, wie es uns unsere Umwelt immer glauben machen will, warum laufen dann nicht lauter glückliche Paare durch diese Welt?

»Ich kenne da diesen Mann ...« – Verkupplungsversuche

Noch schlimmer als die guten Ratschläge sind allerdings die Verkupplungsversuche wohlmeinender Freunde und Freundinnen. Wer hat es nicht schon einmal erlebt: Da ist man zum Essen bei Freunden eingeladen und findet sich plötzlich neben einen Typen wieder, mit dem man so gar nichts gemeinsam hat – außer dass auch er gerade Single ist. Oder die subtile Bemerkung der Mutter: »Brigittes Sohn hat auch gerade keine Freundin. Willst du mit ihm nicht mal was unternehmen?« Oder der »Traummann«, mit dem einen die beste Freundin bekannt macht: »Ach, ihr würdet so gut zusammenpassen, du musst ihn einfach kennenlernen.« Und tatsächlich, der Mann könnte wirklich ein Traummann sein – nur leider nicht Ihrer, denn den berühmten Funken, der dann doch überspringen sollte, kann Ihre Freundin leider nicht herbeizaubern. Solche Verkupplungsversuche sind zwar nicht bösartig, denn schließlich wollen unsere Freundinnen, Mütter & Co. ja nur, dass wir glücklich sind.

»Du hast ja Zeit ...« – Ein bisschen Arbeit hat auch dem Single noch nicht geschadet

Manifest der Singles – Punkt 5
Singles wissen sehr wohl, dass sich viele Paare über gemeinsame Freunde oder Bekannte kennenlernen und wollen sich dieser Möglichkeit auch nicht verschließen. Aber nicht jeder Mann ist der ideale Heiratskandidat, nur weil er auch gerade Single ist. Und ein bisschen subtiler kann man dabei auch vorgehen ...

Ich muss es leider zugeben: Ich gehöre zu den Menschen, die schlecht Nein sagen können. Immer halse ich mir zu viel Arbeit auf, übernehme auch im Privatleben die eine oder andere Zusatzaufgabe und packe überall mit an, wo Not an der Frau ist. Leider gewöhnen sich die Mitmenschen an dieses Engage-

ment und finden es gar nicht lustig, wenn ich dann doch einmal Nein sage. Das mache ich nämlich, wenn es mir zu viel wird oder ich anderes zu tun habe – und bekomme dann zu hören: »Ach komm, du hast doch Zeit, du bist doch allein.« Hallo? Alleinstehend sein heißt nicht, verzweifelt zu Hause herumzusitzen und zu warten, dass einem jemand eine Aufgabe aufhalst, damit man endlich auch einmal gebraucht wird.

Alleinstehend sein heißt nämlich auch, mit Freunden etwas zu unternehmen, Sport zu treiben, ins Kino zu gehen, ein gutes Buch zu lesen, gemütlich in der Badewanne zu liegen, die Wohnung aufzuräumen, einzukaufen und so weiter. Nur weil kein Partner da ist, mit dem wir unsere Zeit verbringen wollen, bedeutet dies noch lange nicht, dass wir immer verfügbar sind. Und Kolleginnen, die meinen, es sei wichtiger, dass sie rechtzeitig nach Hause zu ihrem Partner kämen, als dass ich pünktlich zu meiner Yoga-Stunde komme, finde ich einfach unkollegial.

»Wann werde ich endlich Oma?« – Die lieben Eltern

Haben Sie diese Frage schon einmal von Ihrer Mutter gehört? Ich zum Glück nicht, denn meine Mutter kann sich nichts Schlimmeres vorstellen, als schon wieder ein kleines Kind um sich zu haben, nun da ihre eigenen endlich aus dem Haus sind und sie das Leben so richtig genießen kann. Aber ich kenne genug Menschen, deren Mütter subtilen Druck auf sie ausüben. Die Nur-Hausfrau zum Beispiel, die sich tödlich langweilt, weil sie den ganzen Tag zu Hause herumsitzt. Da käme ein Enkelkind gerade recht! »Du kannst ruhig weiter zur Arbeit gehen, ich kümmere mich schon um das Kleine!« Eigentlich schön, eine solche Mutter zu haben – aber was, wenn uns nun einmal ein Mann zum Kind fehlt? Vielleicht sind

Manifest der Singles – Punkt 6
Liebe Eltern, wir Singles verstehen, dass ihr euch nach einem Enkelkind sehnt. Aber ob wir euch ein solches schenken, ist zuerst einmal unsere Entscheidung. Es ist unser Leben, und wenn es gerade nicht passt, dann müsst ihr euch damit abfinden.

unsere Eltern aber auch gerade in Rente gegangen und wissen nichts mit ihrer neu gewonnenen Freizeit anzufangen. Erst einmal wird das Haus umgebaut und der Garten neu angelegt. Und dann? Wäre doch schön, wenn sie nun ein Enkelkind hätten, mit dem sie sich beschäftigen könnten ... Doch leider übersehen unsere Eltern, dass ihr potenzielles Enkelkind auch in unsere Welt passen muss, und ohne Mann – nun ja, dieses Thema hatten wir schon.

Im Feindesland:
Allein unter Paaren

Fast jede Single-Frau kommt irgendwann einmal an den Punkt, an dem sie glaubt, ein echter Exot zu sein: Sie ist allein unter Paaren. Sprich: All ihre Freunde und Freundinnen sind bepartnert – nur sie ist immer noch oder plötzlich wieder solo. Fiese Single-Frauen denken in solchen Momenten an die Scheidungsraten und trösten sich damit, dass 50 Prozent der Paare in ihrem Freundeskreis über kurz oder lang auch wieder Single sein werden. Nettere Single-Frauen gönnen ihren Freundinnen ihr Glück und versuchen, sich mit der ungewohnten Situation zu arrangieren.

Das fünfte Rad am Wagen

Als Single können die Abende und Wochenenden manchmal ganz schön einsam sein. Die Freundinnen unternehmen lieber etwas mit ihrem Partner, und das nehmen wir ihnen auch gar nicht übel, denn schließlich können wir uns selbst an Zeiten glücklicher Verliebtheit erinnern, wo wir einfach keinen

Manifest der Singles – Punkt 7
Liebe Freundinnen, bitte lasst uns nicht links liegen, nur weil wir gerade Single sind. Ab und zu möchten wir trotzdem ganz gerne etwas mit euch unternehmen. Bei einem Mädels-Abend zum Beispiel oder auch gerne mit eurem Partner – aber bitte vergesst dann nicht, dass wir auch noch da sind!

anderen Menschen in unserem Leben brauchten. Und mal ehrlich: Wollen wir gerade jetzt mit einer Freundin zusammen sein, die uns die ganze Zeit nur von ihrem Liebsten vorschwärmt? Viele Freundinnen vergessen den armen Single aber nicht, sondern schleppen ihn mit zu Unternehmungen zu dritt. So sitzen wir dann zu dritt im Kino, die Freundin knutscht mit dem Liebsten, und wir hätten eigentlich auch gleich allein gehen können. Ganz schlimm sind auch Pärchen-Abende (mehr dazu im nächsten Kapitel). Irgendwie scheinen Paare nur noch etwas mit anderen Paaren unternehmen zu können oder wollen, und wir sitzen dann daneben – entweder ganz »zufällig« neben einem Junggesellen oder allein. Bei allem Verständnis –, wir sind auch noch da!

Die Lückenbüßerin

Letzten Donnerstag klingelte bei mir das Telefon. Am anderen Ende der Leitung war meine Freundin Claudia, von der ich schon ewig nichts mehr gehört hatte: »Wollen wir morgen Abend nicht mal wieder zusammen weggehen? In der Maxstraße hat eine neue Bar aufgemacht, die soll richtig gut sein. Na, wie wär's?« Ich freute mich, mal wieder einen Abend mit meiner Freundin zu verbringen, und da ich an besagtem Abend noch nichts weiter vorhatte, war ich gleich Feuer und Flamme. Wir unterhielten uns noch ein Weilchen, und schon bald kam der wahre Hintergrund ihres überraschenden Anrufs ans Tageslicht: Ihr Freund Thomas war übers Wochenende beruflich auf einer Messe in Hannover – daher also das plötzlich neu erwachte Interesse an mir. Denn natürlich sitze ich als Single-Frau zu Hause und warte nur darauf, dass sich jemand an mich erinnert und mich aus meinem Bau lockt.

Manifest der Singles – Punkt 8

Liebe Freundinnen, natürlich freuen wir uns über gemeinsame Unternehmungen. Aber wenn immer nur ihr den Zeitpunkt festlegt – nämlich dann, wenn euer Partner keine Zeit für euch hat –, wird das Ganze eine ziemlich einseitige Sache, und wir fühlen uns schnell ausgenutzt. Entweder euch liegt etwas an uns, dann braucht ihr uns nicht nur als Lückenbüßer. Oder euch liegt eben nichts an uns ...

Es kann schon ganz schön wehtun, wenn man feststellt, dass man für manche Leute nur noch der Lückenbüßer ist, dass man herhalten muss, wenn der Partner gerade nicht verfügbar ist. Und genau diese Leute sind dann beleidigt, wenn man gerade an dem Abend, an dem der Partner beim Fußball ist, schon etwas anderes vorhat. »Was machst du denn? Du bist doch Single!« Und schon wären wir wieder beim alten Vorurteil: Singles haben immer Zeit.

Angst vor der Konkurrenz

Meine Kollegin Bettina (Single) erzählte mir neulich, dass eine Freundin von ihr – nennen wir sie Steffi – einen neuen Freund hat. Von dem schwärmt Steffi ihr zwar ständig vor, doch getroffen hat sie den Guten noch nie. Nächste Woche ist nun Steffis Geburtstag, und Bettina ist nicht eingeladen. Es kämen nur lauter Paare und da solle sie sich nicht überflüssig fühlen, so die Erklärung. Und: »Wir machen dann lieber später noch was zu zweit.« Über so viel Rücksichtnahme könnte sich Bettina eigentlich freuen, doch sie hegt einen üblen Verdacht: Hat ihre Freundin Steffi vielleicht Angst vor der Konkurrenz?

Viele Liierte ziehen sich von ihren alleinstehenden Freundinnen zurück, weil sie Angst haben, ihr Partner könnte sich von der Single-Frau magisch angezogen fühlen und mit ihr bei Nacht und Nebel durchbrennen. Und die Single-Frau sucht so verzweifelt nach einem Mann, dass sie selbst vor dem Partner der Freundin nicht zurückschreckt.

Manifest der Singles – Punkt 9
Liebe Freundinnen, wir sind nicht so hinterhältig, wie ihr manchmal denkt. Wenn ihr einen neuen Freund habt, ist unser erster Gedanke nicht, wie wir ihn euch ausspannen können, sondern wir freuen uns über euer Glück. Ehrlich. Ein bisschen Vertrauen müsst ihr uns schon entgegenbringen – und eurem Partner auch.

So ein Quatsch! Erstens sind für die allermeisten Frauen die Männer der Freundinnen tabu und zweitens: Wenn die Freundin ihrem Partner so wenig vertraut, dann müsste sie auch bei sämtlichen anderen weiblichen Bekannten, Kolleginnen und der Kassiererin im Supermarkt misstrauisch werden. Und wer so wenig Vertrauen zu seinem Partner hat, der kann eigentlich nur noch eines tun: ihn einsperren.

Vielleicht ist die bepartnerte Freundin auch nur ein wenig neidisch auf unsere Unabhängigkeit. Wir erinnern sie mit unserer bloßen Anwesenheit daran, was sie alles aufgegeben hat (auch wenn sie dafür natürlich eine Menge gewonnen hat) – und diese Konfrontation mit dem Unangenehmen möchte sie lieber vermeiden. Was auch immer hinter diesem Verhalten steckt: Es hat nichts mit uns zu tun. Dumm nur, dass wir trotzdem darunter leiden müssen!

Wie wär's mit einer Single-Tapete? –
Unsinnige Produkte für Singles

Es scheint – neben der Partnersuche – noch einen weiteren Bereich zu geben, in dem Singles als Zielgruppe heiß begehrt sind: »Singles müssen einsam sein«, so lautet ein weit verbreitetes Vorurteil. Und diese vermeintliche Einsamkeit nutzen viele findige Unternehmen aus und werfen Produkte auf den Markt, von denen sie denken, dass der einsame Single sie unbedingt braucht. So kam in den letzten Jahren zum Beispiel eine Single-Tapete auf den Markt, auf der Menschen in Lebensgröße aufgedruckt sind, die gerade essen, lesen oder fernsehen. Der einsame Single, der in seiner Wohnung allein vor sich hin brütet, soll durch diese Tapete wohl auf die Idee kommen, in seinen vier Wänden fände gerade eine rauschende Party mit vielen Gästen statt, und schwupp – schon ist die Einsamkeit vorbei!

Manifest der Singles – Punkt 10
Was die Welt nicht braucht, braucht auch ein Single nicht. Es gibt nämlich viel schönere Dinge, die wir uns für unser Geld kaufen können …

Wer sich durch die stumme Anwesenheit seiner Gäste nicht aufheitern lässt, kann sich darüber hinaus eine CD kaufen (*Nie wieder allein*), auf der ganz normale Alltagsgeräusche zu hören sind: Haareföhnen, das Rascheln beim Zeitungslesen oder das Schlürfen eines Cappuccinos. Kurz gesagt: Lauter Geräusche, die dem einsamen Single vermitteln, er sei nicht allein in seiner Wohnung, sondern irgendwo im Bad treibe sich der Partner herum. Obwohl mich brennend interessieren würde, wie sich diese Produkte verkaufen, komme ich mir dabei veralbert vor.

Und für dumm scheinen Singles oftmals tatsächlich gehalten zu werden: Ich fand unter den Veranstaltungshinweisen in meiner Zeitung jedenfalls kürzlich ein »Einkaufstraining für Singles«. Zuerst dachte ich, es handle sich um eine neue Dating-Variante. In einem Supermarkt ist an einem bestimmten Abend in der Woche Single-Einkaufen angesagt. Die Einkaufswagen der bindungswilligen Singles sind mit einer roten Rose oder Schleife gekennzeichnet, und man kann unauffällig potenzielle Partner unter die Lupe nehmen. Denn die Einkaufsgewohnheiten verraten ja unglaublich viel über einen Menschen: »Knoblauch, Zwiebeln und grüne Bohnen? Um Gottes Willen, lieber nicht! Tütensuppen und Tiefkühlpizza? Auch nicht unbedingt das Wahre. Aber hier, die Schokolade, und auch noch aus der Schweiz, dieser Mensch weiß, was Genießen heißt!« Nicht lachen, so etwas gibt es tatsächlich! Aber ich schweife ab …

Bei dem »Einkaufstraining für Singles« ging es nämlich nicht um Dating, sondern ganz einfach darum, wie sich auch Singles gesund ernähren und günstig einkaufen können. Vielleicht gibt es tatsächlich Menschen, die ein solches Training brauchen, zum Beispiel, weil sie noch nie in ihrem Leben selbst eingekauft haben, da das bis jetzt immer die Mutter, Schwester oder Partnerin für sie erledigt hat. Aber die meisten Menschen wissen vermutlich sehr wohl, was sie essen wollen und wie sie es bekommen. Und was nützt die beste Theorie, wenn es dann wieder an der Riesen-Wassermelone beziehungsweise den Familienpackungen scheitert, da sich der Supermarkt einfach nicht auf Singles eingestellt hat?

»Und wenn sie nicht gestorben sind …« –

Kino ganz fies

Nehmen wir einmal an, Sie wollen nicht schon wieder am Sonntagnachmittag allein zu Hause herumsitzen und gehen ins Kino (vieles von dem, was jetzt kommt, gilt auch für den gemütlichen DVD-Abend auf der Couch). Das ist schon einmal eine Leistung, denn Sie haben sich tatsächlich allein ins Kino gewagt. Ich kenne tatsächlich Menschen, die das niemals tun würden und lieber auf einen Film, der sie wirklich interessiert, verzichten, als dass sie ihn sich allein ansehen. Warum? Haben Sie Angst, dass sie schief angeschaut werden, weil sie allein ins Kino gehen? (Kleiner Hinweis: Im Kino ist es dunkel und die Zuschauer konzentrieren sich in der Regel auf das Geschehen auf der Leinwand und nicht vor der Leinwand.) Es ist doch gar nichts dabei, sich einen Film allein anzusehen, denn Kino ist sowieso eine unkommunikative Beschäftigung – es sei denn, Sie gehören zu den Menschen, die das Geschehen auf der Leinwand lautstark kommentieren wollen, doch dann sollten Sie sowieso lieber zu Hause bleiben. Doch ich schweife schon wieder ab … Wer sich trotzdem nicht wohl fühlt, wenn er allein ins Kino geht, dem kann der folgende Tipp vielleicht helfen: Gehen Sie nicht am Freitag- oder Samstagabend los, denn dann ist wirklich Pärchen- oder zumindest Cliquenzeit. Gute Zeiten für den Solo-Filmgenuss sind Nachmittags- oder Vorabendvorstellungen. Wer schon einmal um 18 Uhr allein im Kino war, wird schnell merken, dass er keineswegs der Einzige ist, der keine Begleitung hat!

Nun gut, Sie haben sich also überwunden und sind allein ins Kino gegangen. Und nun? Können Sie den Film genießen? Schon, doch dann kommt das dicke Ende: Am Schluss finden Held und Heldin zueinander – ganz egal, ob es sich um einen Actionfilm oder eine Liebeskomödie handelt. Und Sie sind immer noch allein. Und schon stecken Sie wieder mittendrin in Ihrem ganzen Elend. Sogar King Kong fand jemanden, der ihn liebte – und Sie? Je nachdem, wie selbstbewusst Sie mit Ihrem Single-Status umgehen, können

Sie Filme à la Hollywood einfach als kitschige Märchen abtun oder als reines Gift für Ihre Seele betrachten. Wenn Sie aus einer Liebeskomödie herauskommen und danach so richtig gut drauf sind und sich denken »Ach ja, das wird mir auch schon einmal wieder passieren!« – dann sind Sie auf Ihrem Weg schon ein großes Stück vorwärts gekommen.

Denken Sie immer daran: Das Interessante bei einem Liebesfilm ist immer, ob und wie die beiden Hauptdarsteller zueinander finden. Was danach kommt, will keiner mehr sehen. Wenn Hugh Grant und Julia Roberts in *Notting Hill* streiten, wer den Müll herunter trägt, oder Kate Winslet in *Titanic* frustriert wäre, weil Leonardo DiCaprio kein Geld hat – das muss man sich wirklich nicht im Kino anschauen, das können wir zu Hause viel billiger haben. Nein, die Filmindustrie weiß genau, dass Kinobesucher für zwei Stunden ihrem tristen Alltag entfliehen wollen, und deshalb bietet sie uns kitschige Liebesschnulzen im Überfluss an. Dass sie damit bei dem einen oder anderen sowieso schon leicht frustrierten Single eine Lebenskrise oder zumindest einen Heulkrampf auslösen kann, lässt sei dabei leichtfertig außer Acht. Für Singles, die noch mit ihrem Schicksal hadern, gilt daher: Halten Sie sich fern von Liebesschnulzen. Sie müssen deshalb jedoch noch lange nicht jeden Abend *Thelma und Louise* anschauen. Es reicht schon, wenn Sie ab und zu einen Film von Woody Allen anschauen. So viele verkorkste Beziehungen – zumindest das bleibt Ihnen erspart!

Manifest der Singles – Punkt 11
Warum gibt es keine Filme, in denen Singles als glückliche Menschen dargestellt werden? Es gibt doch auch Filme über Außerirdische, riesige Affen und Amok laufende Dinosaurier!

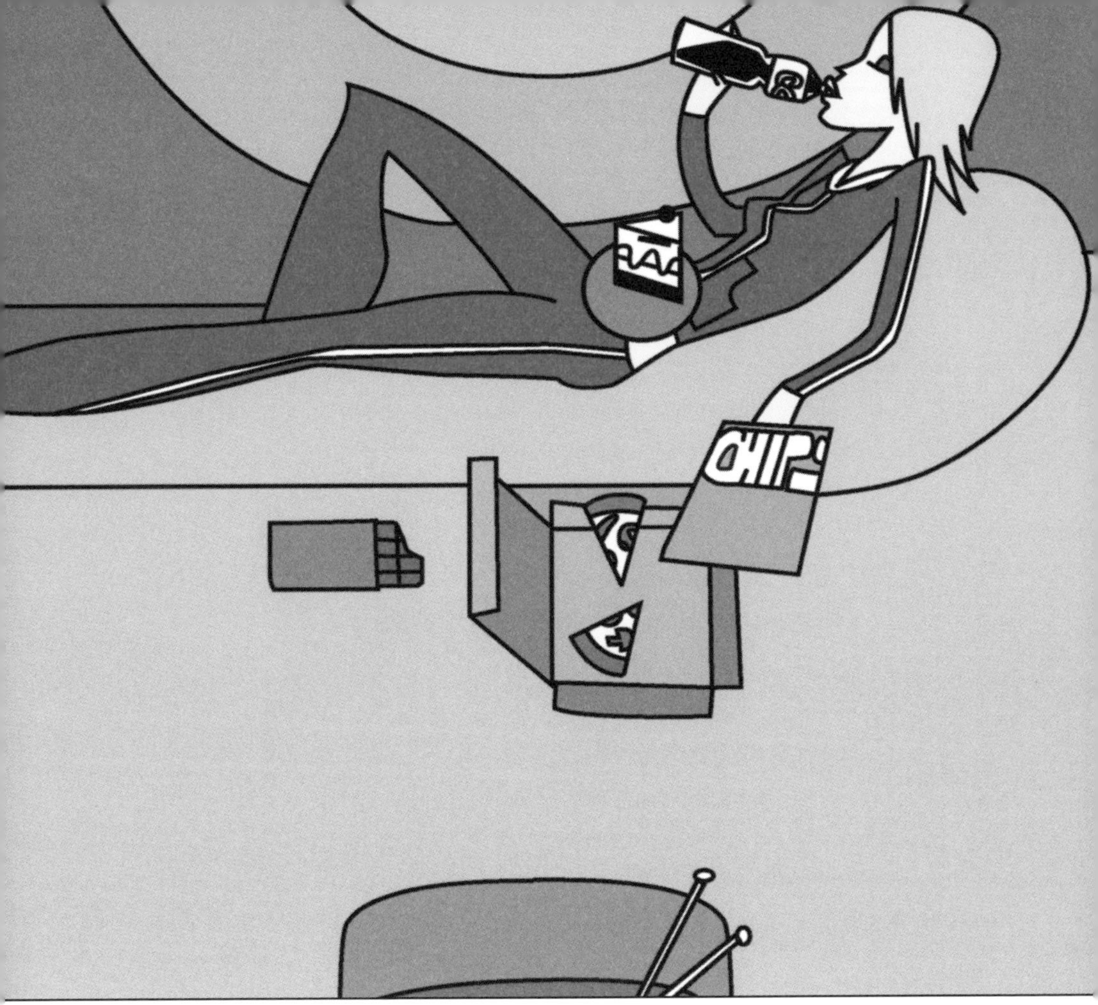

Nachteile des Single-Lebens

– und wie Sie damit fertig werden

Abgesehen von der weltweiten Verschwörung gegen Partnerlose bringt das Single-Leben leider noch einige weitere Nachteile mit sich. Das fängt schon damit an, dass Singles zu frustbedingten Fressanfällen neigen und somit nicht nur ihre Figur, sondern auch ihre Gesundheit aufs Spiel setzen. Ein ebenfalls nicht zu unterschätzender Faktor ist Einsamkeit, vor allem dann, wenn sich im gesamten Bekanntenkreis nur Pärchen finden. Und natürlich kommen auch Romantik und Erotik im Single-Leben zu kurz. Dieses Kapitel beleuchtet die Nachteile des Single-Daseins und gibt viele Hilfreiche Tipps, wie Sie damit fertig werden können.

Von Fressanfällen und Suchtgefahr:

Körperliche Gefahren des Single-Lebens

Statistiken beweisen es immer wieder: Das Leben als Single ist gefährlich. Und damit meine ich jetzt nicht, dass Frauen, die allein durch die Straßen spazieren, den Angriffen unbekannter Wüstlinge ausgesetzt sind. Und auch nicht, dass eine Single-Frau, die in ihrer Wohnung unter einem umstürzenden Bücherregal begraben wird, hilflos am Boden liegen kann, bis sie schwarz wird – oder am Arbeitsplatz vermisst wird. Nein, ich meine ganz andere Dinge: Diverse Umfragen und Statistiken haben ergeben, dass Singles mehr rauchen, mehr Alkohol trinken und häufiger unter Stress leiden als Menschen, die in einer Beziehung leben. Außerdem essen sie mehr Fastfood und ernähren sich im Allgemeinen ungesünder. Sogar ihre Lebenserwartung ist geringer als die von Verheirateten – zumindest bei männlichen Singles, denn die gehen offenbar nicht zum Arzt, wenn sie nicht von einer Frau dazu getrieben werden, und so bleiben gefährliche Krankheiten oft unentdeckt.

All das sollte uns zu denken geben. Vielleicht sollten wir bei der Krankenkasse nachfragen, ob sie nicht die Kosten für Partnervermittlung, Speed-Dating und Co. übernehmen will. Denn schließlich vermindert ein Partner eine ganze Menge unkalkulierbarer Risiken, und die Gefahr, dass wir an Lungenkrebs, Leberzirrhose oder Diabetes erkranken oder einen Herzinfarkt erleiden, sinkt erheblich. Vielleicht sollten sich Singles aber auch einmal fragen, warum sie mit ihrem Körper so sorglos umgehen. Weil momentan kein Partner da ist, der ihren Körper wertzuschätzen weiß? Hier ist radikales Umdenken angesagt, denn von unserer Gesundheit haben wir selbst schließlich am allermeisten!

Hilfe, schon wieder ein Wochenende:
Die Angst vor dem Alleinsein

Kennen Sie das Gefühl, das viele Singles beschleicht, wenn der Freitag sich dem Ende neigt? Wenn die Kollegin erzählt, dass sie am Wochenende mit dem Liebsten in die Berge fährt? Wenn Sie im Supermarkt Paare sehen, die gemeinsam fürs Wochenende einkaufen? Und wenn Sie selbst überlegen, ob Sie sich am Samstag der Steuererklärung widmen oder sich nicht doch lieber einen Film aus der Videothek ausleihen sollen?

Vielen Singles graut es geradezu vor dem Wochenende. 48 Stunden allein mit sich selbst – das sind wir nicht mehr gewöhnt. 48 Stunden, die erst einmal gefüllt werden wollen. Unter der Woche ist das Alleinsein kein Problem. Im Job sind wir sowieso unter Menschen und werden die ganze Zeit gebraucht: von der Kundin, die nicht weiß, für welches Paar Schuhe sie sich entscheiden soll, vom Chef, der ohne uns die wichtigen Akten nicht findet, oder von dem Kunden, der mit seinem Computer nicht zurecht kommt. In der Mittagspause sind die Kollegen da, mit denen wir ein Schwätzchen halten und den neuesten Klatsch und Tratsch austauschen können, und am Abend sind wir meist sowieso so müde, dass wir gerade noch den Haushalt

erledigen und uns dann fix und fertig auf das Sofa werfen. Aber am Wochenende? Gut ausgeschlafen wachen wir am Samstag auf – womöglich lacht uns auch noch die Sonne entgegen – und dann? Niemand braucht uns, niemand spricht mit uns, wir sind ganz allein.

Plötzlich ist eben keine Ablenkung von außen mehr da, und wir sind auf uns allein gestellt. Vielleicht kommen wir jetzt ins Grübeln und entdecken einige unangenehme Wahrheiten über uns, die wir sonst mit Aktivität geschickt verdrängen. Und sehr oft ist diese Wahrheit eben, dass wir verdammt einsam sind. Neidisch schauen wir dann auf unsere glücklich liierten Freunde und Freundinnen, die sich auf das Wochenende freuen, weil sie dann endlich Zeit für den geliebten Partner oder Partnerin haben, den oder die sie sonst nur zwischen Tür und Angel sehen. Eine Radtour an den nahe gelegenen See macht zu zweit eben einfach mehr Spaß als allein – von einem kuscheligen Sonntagsfrühstück im Bett ganz zu schweigen!

Dass die partnerlose beste Freundin dann abgemeldet ist, können wir zwar verstehen, doch hilft uns das in unserer Einsamkeit nicht weiter. Vielleicht gehen wir nun trotzig aus dem Haus, denn schließlich kann man sich im Kino sowieso nicht unterhalten und einen Film ebenso gut allein genießen. Doch an der Schlange an der Kasse schauen wir uns um und stellen entsetzt fest: Wir sind doch tatsächlich die Einzige, die ganz allein ansteht. Nicht einmal der Kassierer kann das glauben: »Kommt da noch jemand dazu?«, fragt er, wenn wir tapfer eine einzelne Kinokarte verlangen. Spätestens jetzt möchten wir uns in unseren eigenen vier Wänden vergraben, so dass uns niemand unsere Einsamkeit ansehen kann. Kurz gesagt: Wir sehnen uns nach dem Montag, an dem wir wieder an die Arbeit gehen und unser Leben wieder einen Sinn hat.

Sie sind nicht allein

Laut einer Allensbach-Umfrage fühlt sich jede vierte Frau und jeder sechste Mann manchmal einsam – Sie sind also keineswegs die Einzige. Wir haben uns so daran gewöhnt, dass jede unserer Stunden verplant ist, dass rund um die Uhr Action angesagt ist, dass wir oft verlernt haben, uns mit uns selbst zu beschäftigen.

Der Einsamkeit den Kampf ansagen

Ist so etwas nicht traurig? Anstatt uns zu freuen, dass wir 48 Stunden mit einem Menschen verbringen dürfen, der uns unsere ganze Zeit und Aufmerksamkeit wert sein sollte – wir selbst nämlich –, wollen wir eigentlich nur eines: vor uns selbst davonlaufen. Einsamkeit kann erdrückend sein, und nicht nur alte Menschen leiden darunter. Wer gerade eine Trennung hinter sich gebracht hat und noch mitten im Liebeskummer steckt, hält es mit sich allein oft nicht aus. Um nicht schon wieder ins Grübeln und Heulen zu fallen, ist Ablenkung auch wirklich gut. Gerade nach längeren Beziehungen, wenn wir daran gewöhnt sind, unsere Freizeit mit dem Partner zu verbringen, erschreckt uns der Gedanken an Solo-Zeit geradezu. Wir müssen lernen, wieder allein zurechtzukommen. Dazu gehört auch, herauszufinden, was uns Spaß macht und was wir uns eigentlich vom Leben wünschen.

Anstatt am Wochenende heulend auf der Couch zu sitzen und uns einsam zu fühlen, sollten wir überlegen, wie wir die Zeit sinnvoll füllen können. Und damit meine ich jetzt nicht, in hektischen Aktionismus zu verfallen, sondern Dinge zu unternehmen, die uns gut tun. Das kann ein ausgedehnter Einkaufsbummel sein (und Sie müssen sich nicht einmal rechtfertigen, wenn Sie ein halbes Monatsgehalt für ein Paar Schuhe ausgeben!), ein langer Spaziergang in der Natur, oder vielleicht wollten Sie ja einfach einmal Ihr Wohnzimmer umdekorieren. Sie wollen mir doch jetzt nicht ernsthaft weismachen, dass es überhaupt nichts gibt, was Sie interessiert? Wäre es jetzt nicht an der Zeit, die Ausstellung zu besuchen, die Sie so gerne sehen wollten? Wollten Sie nicht schon lange wieder einmal in den Zoo gehen? Und was ist mit dem spannenden Krimi, der seit Wochen auf Ihrem Nachttisch liegt? Natürlich machen viele dieser Dinge mehr Spaß, wenn man jemanden hat, mit dem man sie teilen kann. Doch müssen Sie wirklich auf etwas verzichten, das Ihnen gut tun, nur weil Sie gerade niemanden haben? Sie sollten die Ausstellung besuchen, weil Sie sich dafür interessieren – egal, ob nun jemand mitgeht oder nicht. Und außerdem kann man dort jede Menge interessanter Menschen kennenlernen!

Stellen Sie außerdem eine Liste mit Dingen zusammen, die Sie schon immer einmal erledigen wollten, bisher aber immer vor sich her geschoben haben. Wenn Sie sich dann allein und einsam fühlen, nehmen Sie diese zur Hand: Was könnten Sie heute erledigen? Pflanzen umtopfen? Fotos einkleben? Ihren Kleiderschrank ausmisten? ... Vielleicht erscheinen Ihnen diese Dinge in Ihrer momentanen negativen Stimmung nur wenig attraktiv, aber wenn Sie erst einmal damit begonnen haben, sind Sie wenigstens ablenkt. Legen Sie dazu Ihre Lieblingsmusik auf, so geht es gleich viel besser. Lernen Sie, die Zeit des Alleinseins positiv zu nutzen und genießen Sie, dass Sie endlich einmal Zeit für die verschiedensten Dinge haben.

Erweitern Sie Ihren Freundeskreis

Und wenn sich in Ihrem gesamten Freundes- und Bekanntenkreis nur glückliche Paare befinden, die Sie als Solo-Frau bei ihren Aktivitäten nicht dabei haben wollen – die weltweite Verschwörung schlägt wieder zu –, dann sollten Sie ernsthaft überlegen, sich neue Freunde zu suchen oder zumindest Ihren Freundeskreis zu erweitern. Selbst wenn es Ihnen gerade so vorkommt: Sie sind nicht der einzige Single auf der Welt! Springen Sie doch einfach über Ihren Schatten und fragen Sie die alleinstehende Kollegin, was sie am Samstagabend macht. Vielleicht ist sie ja ganz froh, dass sie auch nicht allein ins Kino gehen muss?

Wer gerne im Internet unterwegs ist, sollte einmal einen Blick auf die Seite www.new-in-town.de werfen. Auf dieser Seite, die übrigens explizit keine Partnervermittlung ist, finden Sie Freizeitpartner für alle möglichen Aktivitäten: von Kino über Gospelchor und Spieleabende bis hin zum Bergwandern – praktisch geordnet nach Postleitzahlen. Sie können hier entweder selbst eine Anzeige aufgeben oder auf die Angebote anderer Nutzer antworten. In manchen Städten gibt es sogar richtige »new-in-town«-Stammtische, bei denen Sie ganz zwanglos neue Menschen kennenlernen können. Zielgruppe sind übrigens nicht nur frisch Zugezogene, sondern alle, die ganz generell auf der Suche nach neuen Bekanntschaften sind.

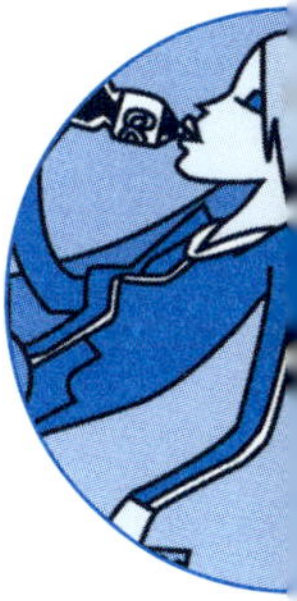

Das bisschen Haushalt …

bleibt leider ganz an der Single-Frau hängen

Stellen Sie sich folgende Situation vor: Es ist 17.30 Uhr, kurz vor Feierabend. Sie packen gerade Ihre Sachen zusammen, da kommt Ihr Chef herein und hat eine ganz wichtige Sache auf dem Herzen: »Könnten Sie noch ein kleines bisschen länger bleiben, damit das heute noch fertig wird?« Eigentlich kein Problem, wenn Sie nicht noch das Geburtstagsgeschenk für Ihre beste Freundin abholen müssten und der Laden nicht schon um 18.30 Uhr schließen würde. Doch mit einem Anruf ist alles erledigt: »Schatz, bei mir wird's heute ein wenig später. Kannst du auf dem Heimweg noch schnell das Geschenk für Simone abholen?« Ist die arme Simone allerdings die Freundin einer Single-Frau, so hat sie leider Pech gehabt: Sie muss noch einen Tag länger auf ihr Geburtstagsgeschenk warten. Wäre es nicht schön, wenn man dem Partner ganz einfach ein Päckchen mitgeben könnte, weil er auf dem Weg zur Arbeit ja sowieso bei der Post vorbeikommt? Im Gegenzug würden wir dann auch seine Hemden zur Reinigung bringen, denn die liegt wiederum ganz in der Nähe unseres Büros.

Wer allein lebt, muss alles selbst erledigen. Das gilt für Besorgungen ebenso wie für den Hausputz, den Wochenendeinkauf, den TÜV und so weiter und so fort. Wer würde sich da nicht manchmal wünschen, dass der Tag 48 Stunden hätte? Wie schön wäre es doch dagegen, wenn der eine einkaufen, die andere kochen oder der eine staubsaugen und die andere bügeln würde. Mal ganz abgesehen davon, dass es in vielen Partnerschaften diese Arbeitsteilung auch nur in der Theorie gibt (aber wenigstens haben wir dann jemanden, am dem wir unseren Ärger auslassen können), kann diese Doppelbelastung durch Job und Haushalt ganz schön anstrengend sein. Und bei den alleinerziehenden Müttern kommt zusätzlich noch die Betreuung der Kinder dazu …

Verschaffen Sie sich Zeit

Wer nicht alles auf einmal schafft, sollte überlegen, ob er nicht etwas delegieren kann. Wie sieht es beispielsweise mit einer Putzfrau aus? Als Single werden Sie vermutlich nicht in einer 20-Zimmer-Villa mit großem Park und Swimmingpool leben, sondern eher in einer Zwei-Zimmer-Wohnung. Die ist relativ schnell sauber gemacht und daher stürzen Sie sich auch nicht in allzu große Unkosten, wenn Sie diese Arbeit einer Putzfrau überlassen. Aber Sie haben dafür ein paar Stunden mehr Freizeit pro Woche – ist das nicht auch schon etwas?

Bestimmte Erledigungen lassen sich oft auch bündeln. Wenn Sie schon einmal unterwegs zum Supermarkt sind, liegen ja vielleicht noch andere Geschäfte auf dem Weg: die Post, die Reinigung oder das Fitnessstudio. So müssen Sie nur einmal aus dem Haus und können mehrere Dinge in einem Aufwasch erledigen.

Goodbye Superwoman!

Schließlich gilt es sich noch von einem alten Trugbild zu verabschieden: Superwoman. Wer sagt denn, dass Ihre Wohnung immer blitzblank sein muss? Natürlich sollten Sie nicht meterhoch durch den Müll waten müssen, aber mal ehrlich: Stört es irgendjemanden, wenn der Stapel Bügelwäsche einmal ein paar Tage lang herumliegt? Wenn der Kuchen für Ihre Mutter zum Geburtstag aus einer Konditorei stammt? Wenn das Auto einmal nicht auf Hochglanz poliert ist (solange die Scheiben einigermaßen sauber sind)? Wem wollen Sie damit etwas beweisen? Doch wohl nur sich selbst – und dabei sollten Sie sich eigentlich mitsamt Ihren Schwächen lieben!

Zeit sparen dank Internet
Viele Behördengänge können Sie sich heute sparen, da Sie etliche Anträge ganz einfach per Internet stellen können. So brauchen Sie sich nicht an arbeitnehmerfeindliche Öffnungszeiten zu halten und sich in kilometerlange Warteschlangen einzureihen.

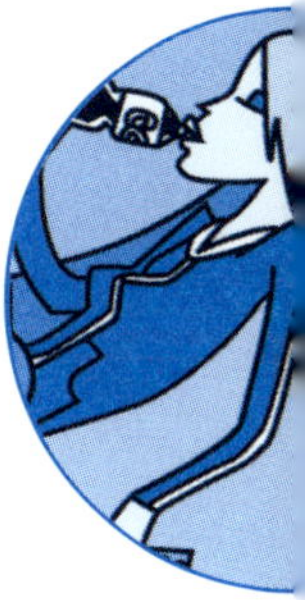

Faul sein kann ich mir nicht leisten:

Das Leben als Single ist teuer

Singles müssen tief in die Tasche greifen – und ich rede jetzt nicht von teuren Einzelzimmerzuschlägen im Hotel. Wer allein lebt, bezahlt auch die Miete allein, ebenso wie die Telefonrechnung, die Einkäufe sowie alle Anschaffungen für den Haushalt. Die traurige Wahrheit ist: Singles müssen arbeiten, um zu überleben, nicht um sich selbst zu verwirklichen.

Erinnern Sie sich noch an die Zahnpastawerbung von früher? Sie legten uns nicht nur nahe, unsere Zähne nur mit dieser einen Creme zu putzen, sondern suggerierte uns außerdem, dass es einen Beruf namens »Zahnarztfrau« gäbe. Diese hatte offensichtlich nichts Besseres zu tun, als nach Geschäftsschluss durch die Praxisräume ihres Gatten zu spazieren und die Vorteile einer bestimmten Zahnpastamarke zu preisen. Das Geld für die Brötchen schien ihr Mann zu verdienen. Die Single-Frau dagegen ist selbst Zahnärztin und muss sich Tag für Tag mit Menschen herumplagen, die offensichtlich die falsche oder gar keine Zahnpasta verwendet haben.

Natürlich ist es ungemein zufriedenstellend, wenn man sein eigenes Geld verdient und nicht bei jedem Paar Schuhe – oder sogar einer Tube Zahnpasta – den Göttergatten um Erlaubnis und Geld bitten muss. Aber trotzdem: Wäre es nicht schön zu arbeiten, weil man es will, und nicht weil man es muss? Wenn wir sagen könnten: Mit diesem Job werde ich zwar nicht reich, aber dafür kann ich mich selbst verwirklichen und tue dabei noch etwas Gutes? Wenn wir die Arbeitszeit verringern könnten, um mehr Zeit

Sparen Sie gemeinsam

Meine Freundin Tina hatte neulich eine Idee: Immer wenn Sie sich über ihr WLAN-Modem ins Internet einwählt, meldet ihr Computer noch zwei andere Modems in unmittelbarer Nähe. Warum also nicht mal die Nachbarn fragen, ob man nicht einen gemeinsamen Internetzugang nutzen könnte? In Zeiten der Flatrate doch eigentlich kein Problem, oder?

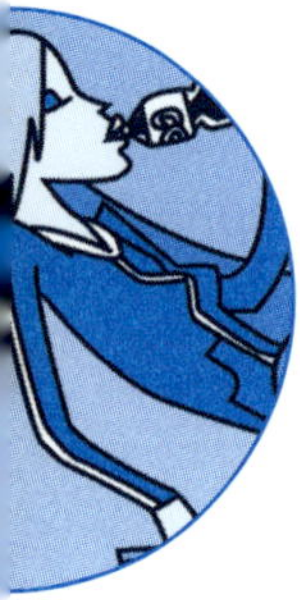

für uns oder unsere Kinder zu haben? Weil es da nämlich noch jemanden in unserem Leben gibt, der seinen Teil zum Haushaltseinkommen beiträgt. Trotz aller Emanzipation – das haben wir uns doch alle schon einmal gewünscht. Und natürlich würden wir unserem Partner dasselbe gönnen!

Aber nein, wir sind nun einmal Single und wir müssen unser Geld selbst verdienen. Das kann eine ganz schöne Belastung sein, vor allem in einer Zeit, in der die Jobs alles andere als sicher sind. Und wenn wir dann noch allein mit einer Heizkostennachzahlung von 300 Euro dastehen, beschleicht uns mal wieder das Gefühl, die ganze Welt habe sich gegen uns verschworen. Leider gibt es auch kaum Möglichkeiten, den teuren Single-Alltag etwas billiger zu gestalten. Jedenfalls nicht, solange man seine Wohnung und sein Auto nicht mit wildfremden Menschen teilen möchte oder auf unsinnige Spartipps wie »lieber zwei Stunden zur billigen Tankstelle nach Österreich fahren, als die hohen Benzinpreise zu zahlen« hören möchte.

Die Last mit der Lust:
Wenn im Bett Flaute herrscht

Ob wir nun die Frauenzeitschrift unseres Vertrauens lesen, den Fernseher anschalten oder uns in unserem Freundes- und Bekanntenkreis umhören – überall scheint es nur um eines zu gehen: Sex, Sex und nochmals Sex.
Und wer hat natürlich keinen? Wir! Im Buchhandel finden sich haufenweise Bücher, wie wir zur tollsten Liebhaberin aller Zeiten werden und den besten Orgasmus bekommen, im TV legen Hausfrauen den Gärtner flach, und an jeder Ecke strecken uns Frauen ihre schwangeren Bäuche entgegen. All diese Tatsachen machen uns wieder einmal schmerzhaft bewusst, dass scheinbar jeder Sex hat – nur wir bleiben außen vor.

Sex – wie ganz allgemein körperlicher Kontakt und Zärtlichkeit – gilt als menschliches Grundbedürfnis. Nicht umsonst übernehmen Krankenkassen

auch in Zeiten finanzieller Knappheit in bestimmten Fällen die Kosten für Viagra. Wer keinen Sex hat, kann frustriert werden. Bei Männern kann dies zu überzogenen Reaktionen führen, bei Frauen – na ja, das wissen Sie vielleicht selbst am besten ...

Was also tun? Wer schon einmal das aufregende Experiment gemacht hat, sich im Minirock, Netzstrümpfen und mit tiefem Dekolleté in eine Kneipe zweifelhaften Rufes zu begeben, hat gemerkt: Es fehlt uns ganz bestimmt nicht an Gelegenheit, Sex zu haben, sondern an Gelegenheit, Sex mit jemandem zu haben, mit dem wir auch Sex haben wollen. Dieser Gedanke hilft uns zwar in akuten Fällen nichts, doch kann er uns in dunklen Zeiten zumindest ein wenig trösten: Wir könnten schließlich, wenn wir wollten ...

Von diesen verzweifeltem Versuch einmal abgesehen, bleiben Ihnen in Ihrem sexlosen Leben noch folgende Optionen: Erst einmal können Sie es etwas weniger drastisch angehen, wie gerade beschrieben: Wenn Sie auf einen One-Night-Stand aus sind, genügt nämlich oft schon ein relativ »normales« Outfit und eine Bar, in der Sie auch sonst verkehren – wenn Sie Ihre Absichten deutlich machen und nicht nur stumm in einer Ecke herumsitzen und warten, bis Sie ein Prinz von Ihrem einsamen Schicksal erlöst. Doch zugegeben, ein One-Night-Stand ist nicht jeder Frau Sache. Ein Callboy (Option Nr. 2) auch nicht – und außerdem ist er nicht immer unbedingt erschwinglich. Bleibt also noch Option Nr. 3, ein »Mann auf Zeit«, auch Affäre genannt. Sie treffen sich mehr oder weniger regelmäßig mit einem Mann, haben unverbindlichen, aber fantastischen Sex und gehen danach wieder getrennte Wege. Wer er ist, wie er heißt, was er verdient – all das ist völlig unwichtig. Gefühle sind dabei nicht im Spiel. Dummerweise ist das leichter gesagt als getan. Und wenn einer

Drei tröstende Gedanken für sexlose Zeiten

1. Noch niemand ist daran gestorben, dass er keinen Sex hatte.
2. Der Papst freut sich über Sie.
3. Sie haben mehr Zeit, denn Sie müssen sich weder die Beine rasieren noch andere Körperstellen trimmen, die sowieso niemand zu Gesicht bekommt.

von beiden plötzlich doch mehr will? Dann haben Sie den Schlamassel, wie man so schön sagt, und aus der unverbindlichen Affäre wird plötzlich etwas ganz schön Kompliziertes. In den meisten Fällen bleiben Ihnen also Option Nr. 4: abwarten und Tee trinken, oder Option Nr. 5: Solo-Sex oder frei nach Woody Allen: Sex mit jemandem, den Sie wirklich lieben.

Egal, wofür Sie sich entscheiden: Verwerflich ist gar nichts – das müssen Sie sich klar machen. Und für alle die, die auch mal in den Arm genommen werden wollen, sei gesagt: Irgendwann kommen auch wieder bessere Zeiten!

Von Pärchen-Abenden, Hochzeiten und Familienfeiern:

Single-Fallen

Es gibt einige Anlässe, bei denen uns die weltweite Verschwörung gegen Singles mit aller Macht trifft. Da haben wir uns nun die ganze Zeit im wunderbaren Glauben gewiegt, es gehe uns allein ganz prima, wir seien das seltene Prachtexemplar eines glücklichen Singles und auch ohne Partner ein vollständiger Mensch. Und dann passiert es: Wir fallen mitten hinein in eine Single-Falle. Welche das sind? Lesen Sie weiter!

Pärchen-Abende

Die Kollegin lädt uns für Samstagabend zum Essen ein. Auf unsere unschuldige Frage: »Wer kommt denn noch alles?« wird aufgezählt: »Also, Simone und Klaus, Uschi und Peter, Sandra und Thomas, Steffi und Markus und ... du!« Oh Schreck, ein Pärchen-Abend! Eigentlich sollten wir es der Kollegin ja zugute halten, dass sie uns überhaupt eingeladen hat und nicht aus falscher Rücksichtnahme (wir sollen uns schließlich nicht wie das fünfte Rad am Wagen fühlen) auf unsere Gesellschaft verzichtet – und dass ihre Antwort lediglich lautet »und du« und nicht »du und dann noch dieser eine Typ aus der Buchhaltung, der ist auch schon längere Zeit Single ist.« Immerhin sieht uns die Kollegin auch ohne Partner als vollständigen Menschen, den sie gerne als Gast haben möchte. Und darüber freuen wir uns ja auch, zumal wir die anderen Gäste gut kennen und wirklich nett finden. Aber trotzdem wird uns an diesem Abend wieder einmal schmerzlich bewusst, dass wir eben nur »du« sind und nicht »du und Stefan/Michael/Robbie Williams etc.«. Besonders bewusst wird uns diese Tatsache, wenn auch noch Silvester ist und jeder um Mitternacht jemanden küsst, nur wir nicht; wenn auf einem Konzert bei einem langsamen Lied plötzlich lauter eng umschlungene Pärchen um uns herum sind; oder wenn jeder zweite Satz mit »wir« beginnt, gefolgt von ganz tollen Sachen wie »kaufen eine Wohnung«, »heiraten im Sommer«, »fahren nach Australien« usw.

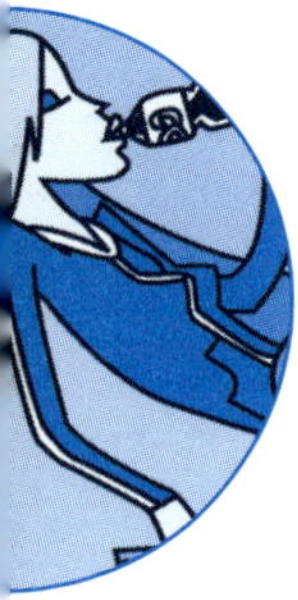

In einer solchen Situation kann es helfen, wenn Sie an Dinge denken, die Ihnen Ihre Freundinnen in aller Heimlichkeit über ihre Liebsten anvertraut haben. Natürlich klingt es toll, dass Steffi und Markus ein Haus zusammen bauen, doch dann fällt Ihnen ein, dass Steffis Schwiegermutter in spe ihr immer noch Tipps gibt, wie sie den Schweinebraten so zubereitet, dass er Sohnemann auch bestimmt schmeckt. Denken Sie auch daran, wie sich Sandra neulich bei Ihnen beklagt hat, dass Thomas bei *ebay* ein kleines Vermögen für Star-Trek-DVDs ausgegeben hat. Und vielleicht tröstet Sie ja auch der Gedanke, dass sich Tanja und Peter bei jeder Kleinigkeit in die Haare kriegen. Wenn das alles nicht hilft, dann stellen Sie sich einfach vor, wie Sie zusammen am nächsten Wochenende durch die Clubs und Bars Ihrer Stadt ziehen. Wenn Ihnen dann Ihr Traummann über den Weg läuft, schlagen Sie einfach zu – und Sandra geht nach Hause zu Thomas und seinen Star-Trek-DVDs.

Hochzeiten

Ganz fiese Single-Fallen sind auch Hochzeiten. Wieder haben sich zwei gefunden, und Sie sind ganz offensichtlich die Einzige, der das nicht gelingen mag. Das müssen Sie schon bei der Antwort auf die Einladung zugeben – dann nämlich, wenn Sie die Zeile »Ich komme mit ... Person(en)« ausfüllen. Am großen Tag selbst geht es dann so richtig los. Verwandte, die Sie seit Jahren nicht gesehen haben, wollen neugierig wissen: »Na, wann ist es denn bei dir so weit? Immer noch nicht unter der Haube?«

Und bei der Feier wartet schon die nächste Falle auf Sie: Eine einzelne Person kann man schlecht an einen Tisch dazuquetschen, also wird gleich ein Tisch für alle diejenigen aufgestellt, die sonst nirgends dazupassen – ähnlich wie der Kindertisch. Da sitzen Sie dann neben Single-Peter, dem alten Sandkastenfreund des Bräutigams, und zur Sicherheit hat das wohlmeinende Brautpaar auch noch ein paar Fußballkumpels um Sie herum platziert. Und dummerweise reißen sich diese »hoffnungsvollen« Kandidaten darum, Sie auf die Tanzfläche zu schleppen. Am Ende des Abends wissen Sie

dann nicht mehr, was Sie mehr frustriert: die Tatsache, dass Sie den Abend mit solchen Typen verbringen mussten, oder die traurige Wahrheit, dass Sie trotz aller Bemühungen der Fußballkumpels immer noch allein sind.

Was tun? Tante Friedas neugierige Fragen können Sie vielleicht noch mit der Antwort »Ich konnte mich nicht entscheiden, welchen meiner drei Lover ich mitbringen sollte, deshalb bin ich allein gekommen« abwehren. Doch das ändert nichts daran, dass Sie den ganzen Abend dem Gebaggere sämtlicher anwesender männlicher Singles zwischen 18 und 68 ausgesetzt sind.

Familienfeiern

Von der Hochzeit ist es nur ein kleiner Schritt zur Familienfeier: Ob Weihnachten, Ostern oder Omas 75. Geburtstag – immer werden Sie hier auf Menschen treffen, die Sie seit Jahren nicht gesehen haben. Während es früher hieß »Du bist aber groß geworden!«, kommt nun zweifelsohne die Frage: »Und du bist immer noch nicht verheiratet? Solltest dich aber mal ranhalten!« Es ist schon seltsam, wie einen die eigene Familie im Griff hat. Auch wenn wir diverse Verwandte nur einmal im Jahr sehen, kann uns eine solche Bemerkung im Nullkommanichts auf die Palme bringen. Natürlich kann man mit einer schlagfertigen Antwort kontern, doch die Gefahr, dass Ihre Schwester einen Lachanfall bekommt, ist relativ groß – und Ihre Glaubwürdigkeit dahin. Ein kleiner Trost kann höchstens noch sein, dass Tante Frieda vermutlich nur neidisch auf Ihre Unabhängigkeit ist – und darauf, dass Sie Ihr Leben noch vor sich haben. Wenn Sie sich vergegenwärtigen, dass Tante Frieda seit 30 Jahren nur

Es muss ja niemand wissen
Wie wäre es denn mit einem »gebuchten Mann«? Wozu hat man schließlich gute Freunde? Und vielleicht findet sich ja ein williges Opfer, das mit Ihnen auf die Hochzeit kommt und als Abschreckung für unerwünschte Verehrer dient. Und wenn doch ein vielversprechender Kandidat unter den Anwesenden sein sollte, können Sie sich immer noch als Single outen!

Onkel Horst gesehen hat ... dann wird Ihnen schnell klar, wer hier bemitleidet werden muss!

Übrigens: Wer Weihnachten absolut nicht allein im Angesicht seiner Familie erleben möchte, sollte sich eine Single-Freundin schnappen und verreisen – und zwar am besten in ein Land, in dem kein Weihnachten gefeiert wird oder in dem es an Weihnachten nicht weihnachtlich ist. Der Gedanke »Oh je, es ist Weihnachten und ich bin ganz allein« kommt Ihnen so gar nicht erst in den Sinn.

Valentinstag

Vor zehn Jahren lief man noch nicht Gefahr, in diese üble Single-Falle hineinzutappen, denn der Valentinstag hat sich erst in den letzten Jahren so richtig in deutsche Blumengeschäfte und Köpfe eingenistet. Dafür ist der »Tag der Verliebten« dann aber richtig fies, feiert er doch etwas, bei dem wir einfach nicht mitfeiern können.

Hier empfiehlt es sich, um Blumengeschäfte und romantische Restaurants einen großen Bogen zu machen, damit Sie das Glück der anderen nicht direkt vor Augen haben. Und wie wäre es denn, wenn Sie an diesem verfluchten Datum eine eigene Anti-Valentinstags-Party – auch Single-Party genannt – veranstalten? Ob in den eigenen vier Wänden oder in Ihrer Lieblingsbar: Laden Sie alle Ihre Single-Freunde und -Freundinnen ein und lassen Sie es krachen. Feiern Sie, dass Sie so toll sind – die Männerwelt weiß ja nicht, was ihr entgeht.

Eines sollten Sie am Valentinstag auf jeden Fall vermeiden: alleine zu Hause vor dem Fernseher zu sitzen – es sei denn, Sie wollen sich von Liebeschnulzen berieseln lassen, eine Schachtel Pralinen direkt auf Ihre Hüften verfrachten und Ihren Taschentuchvorrat drastisch reduzieren. Schaffen Sie lieber ein Alternativprogramm, das Sie in eine gute Stimmung versetzt – gerade heute sollten Sie sich das ganz besonders gönnen!

Und wer ist für mich da? –

Fehlende Bestätigung

Was hängt in Ihrem Bad? Und vermutlich auch in Ihrem Schlafzimmer? Und in Ihrem Flur? Antwort: Ein Spiegel, in den Sie auch ganz gerne einmal einen Blick werfen. An guten Tagen sagt Ihnen dieser nämlich, dass Sie heute wieder umwerfend gut aussehen und Ihnen Ihre neue Bluse ganz hervorragend steht. An schlechten Tagen dagegen – ach, da soll er einfach seine Klappe halten, oder Sie verhüllen ihn gleich ganz mit einem Tuch. Jedenfalls kann uns ein Spiegel Bestätigung geben. Es reicht nicht, nur zu wissen, dass wir absolut fantastisch aussehen. Nein, wir müssen einen Blick (und es dürfen gerne auch ein paar mehr Blicke sein) in den Spiegel werfen und uns dies immer wieder bestätigen lassen.

In vielen Beziehungen erfüllt der Partner die Rolle des Spiegels. Er zeigt uns mit den drei kleinen Worten »Ich liebe dich« immer wieder, wie wunderbar wir sind. Und zu wissen, dass man von einem Menschen mit Haut und Haaren und all seinen Fehlern geliebt wird, ist doch das schönste Gefühl auf Erden. Ein Partner bestätigt uns in unserem Tun, er gibt uns Selbstsicherheit und Selbstwertgefühl, denn wenn wir seiner Liebe wert sind, müssen wir wirklich ein toller Mensch sein. Und wenn in der Arbeit wieder einmal alles schief gelaufen ist, was nur irgendwie schief laufen kann, dann nimmt er uns tröstend in den Arm und sagt uns, dass wir keineswegs eine dumme Versagerin sind, sondern dass unser Chef einfach bescheuert ist und unsere Fähigkeiten und Talente nicht erkennt. Das wirkt ungemein aufbauend!

Vorsicht Falle!
Allerdings sollte niemand so weit gehen, sein ganzes Selbstbewusstsein nur aus der Partnerschaft zu beziehen, denn dann sieht es wahrlich schlecht aus, wenn der Haussegen einmal schief hängt. Im Idealfall beziehen wir unser Selbstwertgefühl aus uns selbst, der Partner ist dabei »nur« eine Unterstützung. Aber das Gefühl, dass da jemand ist, der einen liebt, ist natürlich trotzdem schön!

Wer in einer stabilen, glücklichen Partnerschaft lebt, hat damit einen Spiegel, in dem er immer gut aussieht. Er bekommt Bestätigung durch den Partner, und wenn es in anderen Bereichen des Lebens – Job, Familie oder Freunde – einmal nicht so gut läuft, trifft es nicht so hart, denn er hat ja immer noch ihn.

Von Schuhen und anderen Ersatzbefriedigungen

Menschen, die keinen Partner haben, bekommen natürlich auch keine Bestätigung aus der Partnerschaft und suchen sich daher häufig Ersatzbefriedigungen. So vergraben sie sich zum Beispiel in ihrem Job, schieben Überstunde um Überstunde – wozu sollten sie auch nach Hause? – und klettern die Karriereleiter empor. Oder sie stellen ihre Leistungsfähigkeit auf andere Weise unter Beweis, beginnen Marathon zu laufen oder unternehmen Expeditionen in den Himalaya, nur um sich durch die Bewunderung der anderen die Bestätigung zu holen, die ihnen fehlt. Wieder andere – und hierfür sind Frauen besonders anfällig – verfallen in einen überzogenen Altruismus. Sie engagieren sich auf allen Ebenen, packen überall mit an, wo Not an der Frau ist, und haben immer ein offenes Ohr für alle Probleme und Problemchen. Das Wort »Nein« kommt in ihrem Wortschatz nicht vor. Was dahinter steckt, ist oft ganz einfach: Wenn sie schon kein Partner liebt, so sollen sie wenigstens alle anderen Menschen in ihrem Umfeld lieben. Das Gefühl, gebraucht zu werden, kann ein angeknackstes Selbstbewusstsein wieder aufrichten. Dass ihre eigenen Wünsche und Lebensvorstellungen dabei auf der Strecke bleiben können, übersehen diese Frauen oft. Häufig gehen ihnen erst dann die Augen auf, wenn sie selbst einmal jemanden brauchen – und dann ist keiner da. Weil nämlich alle anderen Menschen mit sich selbst beschäftigt sind.

Da Singles die kontinuierliche Bestätigung durch einen Partner fehlt, glauben viele, sich Tag für Tag neu beweisen zu müssen. Einige – meistens sind es Männer – versuchen, durch Sex mit ständig wechselnden Partnern, sich und ihrer Umwelt zu beweisen, dass sie ein toller Hecht sind. »Ich könnte jederzeit eine Beziehung haben, will aber nicht«, ist eine Haltung, die sie häufig damit vermitteln wollen. Wieder andere schwelgen in Luxus: Wenn eine Frau schon keinen Partner hat, soll man wenigstens an der limitierten Louis-Vuitton-Tasche sehen, wie toll sie ist.

Menschen, die ihr Selbstbewusstsein in erster Linie aus ihrer Partnerschaft ziehen, erkennt man oft auch daran, dass sie mit jedem Partner oder jeder Partnerin zugleich auch die Identität zu wechseln scheinen. So trug Tanja früher am liebsten Jeans und Kapuzenpulli, heute sieht man sie in Minirock und High Heels. »Na ja, Stefan gefalle ich eben so«, heißt es dann. Oder Nina ist plötzlich FC-Bayern-Fan, obwohl sie vor einem halben Jahr noch nicht einmal erklären konnte, was Abseits bedeutet. Dann ist es mit Bayern-Fan Martin vorbei und siehe da – auch Ninas Fußballinteresse ist plötzlich verschwunden. Ihre neue Flamme Tobias ist Eishockey-Fan – wer ist da gleich noch mal Tabellenführer?

Das Selbstbewusstsein in sich selbst finden

Sein Selbstbewusstsein nur aus einer einzigen Sache zu ziehen, ist immer problematisch – egal, ob es nun der Partner, der Job, der Sport oder der Einsatz für andere ist. Fällt diese Quelle nämlich plötzlich weg, weil einen der Partner verlässt, weil man den Job verliert oder eine Verletzung den Sport unmöglich macht, besteht die Gefahr, in ein tiefes Loch zu fallen, aus dem man selbst nur schwer wieder herauskommt. So schwer es in unserer an äußerem Erfolg orientierten Welt auch fällt, versuchen Sie, Ihr Selbstbewusstsein aus sich selbst zu ziehen. Dazu müssen Sie sich selbst erst einmal kennen und lieben lernen. Wie das geht, erfahren Sie im Kapitel »So nutzen Sie die Single-Zeit« (siehe Seite 100ff.).

Und noch etwas
Wer sein ganzes Leben an einer Ersatzbefriedigung wie dem Job ausrichtet, hat gar keine Zeit mehr für einen eventuellen neuen Partner – und dieser Möglichkeit wollen Sie sich doch nicht von vornherein verschließen, oder?

Und wenn ich nie wieder einen Mann finde …? –

Von schwarzen Löchern und schwachen Momenten

Sie hatten sich schon fast in Sicherheit gewähnt: Der letzte Liebeskummer ist überwunden, und Sie können sich gar nicht mehr vorstellen, was Sie je an dem Kerl gefunden haben. Sie haben plötzlich wieder Zeit für Freunde, sind eigentlich immer beschäftigt und im Job läuft es auch hervorragend. Wenn Ihnen jetzt jemand die entscheidende Frage stellen würde, so könnten Sie guten Gewissens antworten: »Ja, ich bin glücklich.« Und dann passiert es! Was schuld ist, wissen Sie selbst nicht so genau – das schlechte Wetter, der Anblick eines glücklichen Paares oder ein altes Foto, das Sie zufällig in einer Schublade gefunden haben. Doch plötzlich tut sich ein großes schwarzes Loch vor Ihnen auf, und Sie sind ein heulendes Häufchen Elend: »Und wenn ich nie wieder einen Mann finde …? Wenn ich tot vom Sofa falle und dann zwei Monate lang in meiner Wohnung vor mich hingammle? Ich will nicht allein sterben …«

So schlimm ist es nicht!

Die gute Nachricht zuerst: Dass Frauen unter 60 plötzlich tot vom Sofa fallen, passiert zum Glück nur relativ selten. Doch bleiben wir ernst. Kein Mensch ist immer glücklich. Dass Sie einmal schlecht drauf sind und Ihrer Zukunft pessimistisch entgegensehen, ist völlig normal. Heulen Sie, wenn Ihnen nach Heulen zumute ist. Weinen befreit, und in den meisten Fällen sieht die Welt am nächsten Morgen schon wieder ganz anders aus.

Und noch eine Tatsache, die Ihnen in dieser Situation vielleicht weiterhilft: Bleiben Sie realistisch und versuchen Sie, sich die Vorteile des Single-Lebens ins Gedächtnis zu rufen (Hilfe finden Sie in den nächsten beiden großen Kapiteln). Und halten Sie sich alle schrecklichen Männer vor Augen, die Sie kennen – ist es da nicht immer noch besser, keinen zu haben? Außerdem:

Auf der Welt gibt es etwa drei Milliarden Männer, und die allermeisten von ihnen kennen Sie überhaupt nicht. Wie wollen Sie da mit Sicherheit sagen, dass für Sie keiner dabei ist? Sie müssen allerdings auch etwas unternehmen, um zumindest einen Teil dieser drei Milliarden Männer kennenzulernen – und dazu müssen Sie Ihre vier Wände verlassen (oder zumindest den Computer anschalten). Denn dass ausgerechnet der Pizzabote der Eine ist, ist relativ unwahrscheinlich!

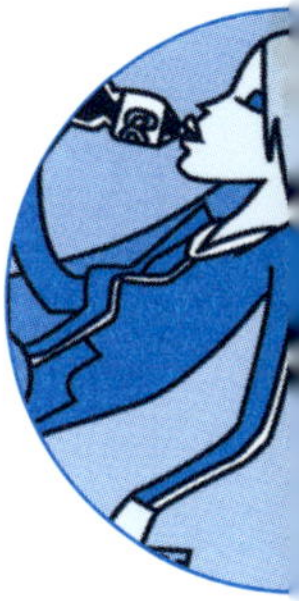

Auf der anderen Seite ist das Gras immer grüner

Wer in einem schwarzen Loch gefangen ist, sieht alles nur noch negativ. Alle anderen sind glücklicher, intelligenter, erfolgreicher, schlanker und schöner als wir. Wen wundert es also, dass wir Single sind? Allein bei unserem Anblick sollte ja schon jeder Mann die Flucht ergreifen! Und überhaupt, glückliche Partnerschaften – gibt es so was denn? Unsere beste Freundin soll nur aufpassen, gleich brennt ihr Mann mit einer anderen durch! Das Positive im Leben – unseren Freundeskreis zum Beispiel oder die Tatsache, dass es im Job gerade hervorragend läuft – nehmen wir gar nicht mehr wahr, denn wir sehen die Welt so, wie wir sie in diesem Moment sehen wollen: pechschwarz.

Meist ist diese Stimmung am nächsten Tag wieder vorüber. Und wie gesagt, heulen ist durchaus erlaubt, denn unsere Gefühle müssen wir schließlich auch einmal herauslassen. Auch ein Gespräch mit einer guten Freundin kann in dieser Situation helfen. Oder Sie setzen sich hin und schreiben eine Liste mit all den positiven Dingen in Ihrem Leben. Es gibt keine, meinen Sie? Denken Sie doch einen Augenblick nach: Im Job wurden Sie neulich von Ihrer Chefin für Ihre gute Arbeit gelobt – ist das nichts? Ihre Katze liebt Sie, auch wenn Sie vermeintlich dumm, dick und hässlich sind. Ihre Freundinnen sind immer für Sie da und bringen Sie auf andere Gedanken. In Ihr Hobby können Sie sich so richtig vertiefen ... Sehen Sie: Ihr Leben ist doch gar nicht so schlimm, wie Sie im Moment glauben – auch ohne Partner gibt es eine ganze Menge schöne Seiten.

Vielleicht haben es unsere Freundinnen, die in einer Partnerschaft leben oder sogar verheiratet sind, in vielen Dingen besser als wir. Doch statt dass wir uns mit ihnen freuen, sind wir auf ihr Glück neidisch. Neid muss jedoch nicht immer ein negatives Gefühl sein, denn er kann uns unsere Wünsche und Bedürfnisse deutlich machen und uns anspornen, unsere Lebenssituation zu verändern. Allerdings kann uns Neid auch unglücklich machen – nämlich dann, wenn er das Verhältnis zu unserer Freundin vergiftet. Wir ertragen es nicht, sie so glücklich zu sehen: Das hat sie doch gar nicht verdient! Wir sind doch viel netter, hübscher, intelligenter als sie. Warum sind wir also noch Single? Plötzlich finden wir kein gutes Haar mehr an der Frau, die einst unsere beste Freundin war. Doch macht uns das glücklich? Nein, wir sind nur noch unzufriedener mit unserer Situation!

Machen Sie sich bewusst, dass Ihre Freundin vielleicht auch ein kleines bisschen neidisch auf Sie ist – zum Beispiel, weil Sie selbst entscheiden können, wie Sie Ihre Freizeit gestalten oder wofür Sie Ihr sauer verdientes Geld ausgeben und sich nicht mit einer nervigen Schwiegermutter herumschlagen müssen. Fragen Sie sie doch einfach einmal: »Gibt es denn wirklich gar nichts, das du am Single-Leben vermisst?« Na also, auf Ihrer Seite ist das Gras doch auch schön grün!

Und noch etwas: Schließen Sie Ihre Freundinnen, die eine Beziehung haben, nicht aus Ihrem Leben aus und unternehmen Sie nicht nur Dinge mit anderen Singles. Sie mögen ihre Freundinnen doch, und so sehr werden sie sich nun auch nicht verändert haben. Sie als Single wollen doch auch nicht ausgegrenzt werden, also machen Sie nicht den gleichen Fehler mit Paaren!

Die Vorteile des Single-Lebens

– und wie Sie sie optimal nutzen

Wenn Sie sich bis hierher tapfer durchgekämpft haben, so haben Sie sich vielleicht in der einen oder anderen Situation wiedererkannt, haben gesagt »Ja, genauso ist es!« – und hoffentlich das eine oder andere Mal geschmunzelt. Ja, das Single-Leben hat schon seine Tücken, aber lassen Sie sich davon etwa unterkriegen? Nein, ganz bestimmt nicht. Es wäre doch gelacht, wenn unser ganzes Glück nur von unserem Beziehungsstatus abhinge! Genauer betrachtet, hat das Single-Leben sogar eine ganze Menge Vorteile. Wie, Ihnen fallen keine ein? Dann lesen Sie nur weiter – und stimmen Sie mir zu!

Ich bestimme, wo's lang geht:

Keine faulen Kompromisse mehr!

Fall Nr. 1 – Samstagabend, bei einem glücklichen Paar: Kino steht auf dem Programm, doch welcher Film soll es sein? Stefan plädiert für den neuesten Bruce-Willis-Action-Knaller, Stefanie will lieber die neue Liebeskomödie mit Hugh Grant sehen. »Na gut, wenn du unbedingt darauf bestehst ...«, zeigt Stefan sich großmütig. Doch Stefanie denkt nach: Kann sie den Film wirklich genießen, wenn neben ihr jemand unruhig auf dem Sitz hin- und herrutscht, sich mühsam das Gähnen verkneift und am Ende nur »Also, was du nur an dem Typen findest ...« knurrt? Nicht wirklich, also geht sie doch lieber mit zu Bruce. Immer noch besser als zu Hause herumzusitzen!

Fall Nr. 2 – Die schönsten Wochen im Jahr rücken immer näher: Der Urlaub steht vor der Tür. Doch wohin soll die Reise gehen? Martina möchte am liebsten faul am Strand herumliegen und sich einmal wieder richtig entspannen. Ein paar dicke Schmöker, zwischendurch einmal einen Cocktail, aber sonst ist süßes Nichtstun angesagt. Doch Martin weiß genau, dass er

das höchstens einen Tag lang aushält. Er möchte in seinem Urlaub Sport treiben und Abenteuer erleben. Was macht unser Paar also? Cluburlaub, denn hier kann Martina am Pool oder Strand liegen, und für Martin steht ein umfangreiches Animationsprogramm zur Auswahl. Die Tage verbringt das Paar also getrennt, die Nächte aber wenigstens gemeinsam.

Fall Nr. 3 – Die Wochenendgestaltung: Wie sieht die Planung für das kommende Wochenende aus? Eigentlich hat Andreas ein wichtiges Fußballturnier, doch dummerweise feiert der Vater seiner Freundin Andrea an diesem Tag seinen 60. Geburtstag. Auf das Turnier kann und will Andreas nicht verzichten, doch die Feier können sie auch nicht einfach sausen lassen. Was tun? Richtig, zuerst wird Fußball gespielt, danach holt Andrea ihren frisch geduschten Liebsten ab und fährt mit ihm weiter zu ihren Eltern. Dort treffen die beiden zwar etwas zu spät ein, doch wichtig ist schließlich, dass sie überhaupt kommen. Dass das Wochenende wieder einmal ein einziges Hetzen von Termin zu Termin wird, ist für Andrea und Andreas schon nichts Besonderes mehr.

In all diesen Fällen haben sich die Paare auf einen Kompromiss geeinigt, mit dem beide Partner einigermaßen leben können. In einer Partnerschaft sind solche Kompromisse wichtig, um die Interessen beider zu berücksichtigen – es sei denn, sie haben genau die gleichen Interessen und machen immer alles gemeinsam, was jedoch ziemlich selten vorkommt. Ebenso wichtig ist, dass jeder Partner dem anderen entgegenkommt und nicht immer nur einer in der Beziehung zurücksteckt. Wenn er zum Beispiel begeisterter Sportler ist und jedes Wochenende auf dem Tennisplatz verbringt, bleibt sie, die sich vielleicht auch einmal eine andere Wochenendgestaltung wünscht, zwangsläufig auf der Strecke.

Was ich mache, bestimmte ich allein!

Singles brauchen keine Kompromisse einzugehen (zumindest im Privatleben, im Job sieht es schon wieder ganz anders aus). Sie können selbst be-

stimmen, wie sie ihr Wochenende gestalten wollen, wohin die Urlaubsreise geht oder welcher Film im Kino angeschaut wird. Es ist vollkommen egal, ob am Dienstagabend Fußball kommt oder der Boxkampf des Jahres – die Fernbedienung ist fest in der Hand der Single-Frau, die sich genüsslich den *Desperate Housewives* widmet.

Allein entscheiden zu können, wo's lang geht, macht richtig Spaß, vorausgesetzt, Sie wissen, was Sie wollen und wohin es gehen soll. Doch viele Frauen haben genau das verlernt, denn sie haben sich viele Jahre einem Partner angepasst und darüber oft ihre eigenen Bedürfnisse vernachlässigt. Gehe ich eigentlich wirklich gerne mountainbiken oder habe ich das nur meinem Partner zuliebe getan? Mag ich chinesisches Essen wirklich so gerne oder war das *Hongkong* nur sein Lieblingsrestaurant? Und fühle ich mich im Minirock überhaupt wohl? Jetzt ist die Zeit gekommen, um herauszufinden, wer Sie sind, was Sie wollen und was Ihnen Spaß macht (ein paar Tipps dazu erhalten Sie im folgenden Kapitel).

Lassen Sie uns gleich loslegen: Das Wochenende liegt vor Ihnen – herrlich! Worauf haben Sie Lust? Auf einen ausgedehnten Einkaufsbummel am Samstag, einen Abend mit Freundinnen, eine Liebesschnulze im Kino, einen faulen Sonntag auf der Couch mit einem dicken Schmöker? Egal, wozu Sie sich entschließen, es ist ganz allein ihre Entscheidung! Sie brauchen nicht zurückzustecken und sich vor niemandem zu rechtfertigen – ist das nicht toll? Der Urlaub steht an, und auch hier können Sie tun und lassen, was Sie wollen. Packen Sie Ihre beste Single-Freundin und nichts wie Sie ab nach Bella Italia! Ein bisschen Kultur, ein

Kompromissfähig bleiben
So schön es ist, eine Zeit lang keine Kompromisse eingehen zu müssen, sollten Sie dennoch die Fähigkeit, sich auf andere Menschen einzustellen, nicht ganz verlernen oder rundherum ablehnen. Auch Freunde wollen nämlich, dass man auf ihre Bedürfnisse Rücksicht nimmt, und auch im Job werden Sie nicht einfach tun und lassen können, was Ihnen gefällt. Genau diese Kompromissfähigkeit sollten Sie sich erhalten – Ihr zukünftiger Partner wird es Ihnen danken!

bisschen Strand, fantastisches Essen, tolle Einkaufsmöglichkeiten und charmante Italiener – was wollen Sie mehr? Und das Beste ist: Sie können Ihren Urlaub nehmen, wann es Ihnen (und Ihrem Chef) passt, und brauchen den Termin nicht auch noch mit dem Partner abzusprechen.

Übung: Einen Ich-Tag einlegen

Überlegen Sie: Was würden Sie tun, wenn Sie einen ganzen Tag lang das tun könnten, was Sie wollen? Schreiben Sie eine Liste und legen Sie einen Tag fest (am besten einen Samstag oder einen Sonntag), an dem Sie genau dies tun! Ein kleiner Tipp: Die Liste sollte nur Dinge enthalten, die auch tatsächlich möglich (»Robbie Williams vernaschen« also bitte wieder streichen) und legal (bitte keinen Bankraub, um Ihren Einkaufsbummel zu finanzieren) sind. Und wenn Sie den ganzen Tag im Bett bleiben wollen – tun Sie es einfach! Sie brauchen deswegen kein schlechtes Gewissen zu haben. Natürlich dürfen Sie Ihren Plan auch jederzeit ändern, zum Beispiel wenn Ihre Freundin anruft und Sie mit ins Kino nehmen will.

Setzen Sie sich an diesem Tag aber nicht zu sehr unter Druck und stellen Sie keine allzu detaillierten Listen auf. Also lieber nichts mit »8:00 Uhr: aufstehen, 9:00 Uhr: joggen, 10:00 Uhr: auf zum Einkaufsbummel, 13:00 Uhr: Lieblingsessen kochen, 14:30 Uhr: Friseurtermin, 18:00 Uhr Yoga-Kurs besuchen, 20:00 Uhr: Mit Annette treffen ...«. Versuchen Sie, an diesem Tag bewusst nicht auf die Uhr zu schauen, sondern einer Aktivität einfach so lange nachzugehen, wie sie Ihnen Spaß macht. Vielleicht setzen Sie sich ja nach dem Frühstück mit einem guten Buch auf den Balkon. Und dieses Buch ist vielleicht sogar so spannend, dass Sie es gar nicht mehr aus der Hand legen wollen. Dann lesen Sie es einfach in einem Ruck durch – ganz egal, ob Sie am Nachmittag eigentlich bummeln gehen oder eine Ausstellung besuchen wollten. Pläne sind dazu da, dass sie geändert werden, denn schließlich soll es an diesem Tag nur um Sie gehen!

Nicht nur in der Not:

Freunde und Bekannte

Studien und Umfragen belegen es: Singles haben mehr Freunde und soziale Kontakte als Menschen, die in einer Beziehung leben. Das *Deutsche Jugendinstitut* hat 2004 sogar herausgefunden, dass Singles doppelt so viele Verwandte, zweieinhalbmal so viele Freunde und sechsmal so viele Nachbarn zu ihrem engen persönlichen Kreis zählen wie Paare. Warum das so ist? Denken Sie doch einmal an die Zeit zurück, als Sie das letzte Mal frisch verliebt waren: Da wollten Sie mit Sicherheit am liebsten jede freie Sekunde mit dem Mann verbringen, der Ihr Herz zum Klopfen bringt und Ihnen Schmetterlinge in den Bauch zaubert. Und dieser Wunsch ist auch nur allzu verständlich, denn zwischen Arbeit, Haushalt und sonstigen Verpflichtungen bleibt meist nicht viel Zeit übrig, und so schenken wir diese nur zu gerne ganz dem Märchenprinzen. Freundschaften bleiben da leicht auf der Strecke, und meist fällt uns das noch nicht einmal auf.

Wir sind so mit unserem persönlichen Glück beschäftigt, dass wir die Freundinnen nicht wirklich vermissen. Doch irgendwann fällt uns ein: »Wann habe ich eigentlich das letzte Mal mit Alexandra gesprochen? Vielleicht sollte ich sie mal wieder anrufen:« Vielleicht gehen Sie auch auf Peters Geburtstagsparty und bekommen von allen Seiten zu hören: »Also, dich sieht man ja gar nicht mehr. Geht's dir gut?« Oder Ihnen fällt plötzlich auf, dass Ihr Telefon immer seltener klingelt – von Ihren Eltern und Versicherungsvertretern einmal abgesehen. Viele Paare kapseln sich von ihrer Umwelt ab und unternehmen nur noch Dinge zu zweit. Dass sie aber trotzdem auch noch Freunde brauchen, merken sie erst dann, wenn es in der Beziehung einmal nicht so gut läuft. Mit wem können sie jetzt darüber reden? Ist da überhaupt noch jemand übrig?

Wenn sich Mann und Frau zusammenfinden, wachsen auch ihre Freundeskreise zusammen – so möchte man zumindest meinen. Und im Idealfall ist

das auch so, weil sich die Freunde beider Partner auch untereinander gut verstehen und man so auf einmal einen riesigen Bekanntenkreis hat. In der Realität sieht das jedoch häufig anders aus: Stefan sind Stefanies Single-Freundinnen suspekt und Stefanie kann mit Stefans Fußballkumpels nur wenig anfangen. Ein gemeinsamer Freundeskreis – schwierig, wenn die Interessen der Partner unterschiedlich sind.

Darüber hinaus neigen viele Paare dazu, nur noch etwas mit anderen Paaren zu unternehmen. Die Gründe hierfür sind vielfältig: Da ist zunächst die gleiche Lebenssituation, die automatisch Gemeinsamkeiten schafft. Aber auch falsche Rücksichtnahme auf Singles oder gar Angst vor der Konkurrenz durch die alleinstehende Freundin (siehe Seite 32f.) spielen dabei eine Rolle. Wer sich jedoch ausschließlich noch mit anderen Paaren trifft, grenzt seinen Freundeskreis ein – und andere aus, nur weil diese gerade Single sind. Dabei kann es für ein glückliches Paar durchaus auch interessant sein, einmal »die andere Seite« zu hören.Entweder um sich neue Impulse und Anregungen für die Partnerschaft zu holen oder um sich einfach nur in seinem Glück bestätigt zu fühlen.

Bei den meisten Paaren schrumpft der Freundeskreis jedoch deshalb, weil die beiden Partner ja nun einander haben. Bei uns Singles sieht das anders aus: Uns fehlt ein Partner als festes Element in unserem Leben, und wir sind daher mehr auf Freunde angewiesen. Darüber hinaus leben wir oft auch viele Kilometer von unseren Eltern entfernt, so dass wir zudem aus dem Familienverband herausgerissen sind. Hinzu kommt, dass die traditionelle Familie mit Vater und Mutter, die zusammenbleiben, bis dass der Tod sie scheidet, ein Auslaufmodell zu sein scheint. Bei vielen von uns sind Mutter und Vater nicht mehr verheiratet (zumindest nicht miteinander) und leben auch nicht unbedingt in derselben Stadt. Vielleicht haben sie inzwischen auch weitere Kinder oder Stiefkinder. All diese Entwicklungen haben eines zur Folge: Unsere eigentliche Herkunftsfamilie verliert mehr und mehr an Bedeutung, stattdessen haben wir sie im Laufe der Zeit durch eine Wahlfamilie ersetzt: durch unsere Freunde.

Wahre Freunde

Singles, die nicht allein dastehen möchten, brauchen ein Netz starker Freundschaften – und haben es meist auch. Viele davon bestehen schon seit unserer Kindheit, war es doch damals viel leichter, Freundschaft zu schließen. Eine von beiden verpatzte Englischprüfung und die daraus resultierende Abneigung gegen die Englischlehrerin reichte schon, um eine Freundin fürs Leben zu finden. In den folgenden Jahren wurde dann alles miteinander geteilt: die erste große Liebe und der erste tragische Liebeskummer, der Lieblingslippenstift und die Liebe zu Pferden. Eine Trennung durch die großen Sommerferien erschien uns unvorstellbar lang, und auch

ich kann mich noch erinnern, wie ich während eines zweiwöchigen Urlaubs fast täglich eine Postkarte an meine beste Freundin schrieb – von denen die meisten natürlich erst nach meiner Rückkehr ankamen. Aber ich musste ihr eben alle wichtigen Ereignisse mitteilen, in einer Zeit, als an SMS noch gar nicht zu denken war!

Je älter wir werden, desto schwerer schließen wir neue Freundschaften. Während wir zu Schulzeiten ganze Nachmittage mit der besten Freundin verbringen konnten, haben wir heute einfach nicht mehr so viel Zeit, die wir in eine Freundschaft investieren können. Wir brauchen also wesentlich länger, um einen Menschen wirklich gut kennenzulernen. Und obwohl wir für einen neuen Mann in unserem Leben nur allzu gerne alles andere stehen und liegen lassen, um auch nur fünf Minuten Zeit mit ihm verbringen zu können, bringen wir dieses »Opfer« meist nicht, wenn es sich um eine Freundschaft handelt. Gehen Sie doch einmal die Liste Ihrer Freunde durch: Wie viele davon kennen Sie aus Ihrer Schul- oder Studienzeit und wie viele aus der Zeit danach? Und ich spreche jetzt von richtigen Freunden, die Sie auch nachts um drei anrufen können, weil Sie gerade einmal wieder in einer Krise stecken, beziehungsweise denen Sie auch nachts um drei zuhören würden. Das ist vermutlich nur eine Handvoll Menschen, und die meisten davon kennen Sie schon ziemlich lange. Doch auch im »hohen« Alter jenseits der 25 können Sie nach wie vor echte Freundschaften schließen, vorausgesetzt Sie sind offen für Ihre Mitmenschen und bereit, ein wenig Zeit in die Pflege dieser Freundschaften zu investieren.

Bekannte und andere soziale Kontakte

Aber gehen wir einmal weg von den wirklich engen Freundschaften, denn diese bleiben meist auch erhalten, wenn wir in eine andere Stadt ziehen oder eine neue Liebe haben, mit der wir von nun an unsere gesamte Freizeit verbringen. Ein großes Plus gegenüber Paaren haben Singles vor allem in dem Bereich der weniger engen Freunde und Bekannten. Da sind zum Beispiel die Kolleginnen, mit denen Sie ab und zu nach der Arbeit noch

etwas trinken gehen. Oder die Bekannte aus dem Yogakurs, die zufällig einen ähnlichen Filmgeschmack hat wie Sie und mit der Sie gerne einmal ins Kino gehen. Oder die Frau auf dem Laufband neben Ihnen im Fitnessstudio, die zufällig ein T-Shirt Ihrer Lieblingsband trägt und niemanden hat, der mit ihr auf Konzerte geht … Die Möglichkeiten, neue Menschen kennenzulernen, sind beinahe unbegrenzt, wenn Sie die Augen ein wenig offen halten und einen kleinen Schritt auf Ihre Mitmenschen zugehen. Sie müssen ja nicht unbedingt gleich eine Freundin fürs Leben finden. Es reicht schon, wenn Sie wissen, wen Sie anrufen können, wenn Sie am Wochenende nicht allein herumsitzen wollen.

Die Freundschaften eines Singles haben übrigens noch einen weiteren Vorteil – Sie haben sich diese Freunde selbst ausgesucht. Anders bei Paaren: Haben Sie sich für einen Partner entschieden, bekommen Sie meist auch gleich noch einen ganzen Freundeskreis mit aufs Auge gedrückt. Mit dem müssen Sie sich dann wohl oder übel arrangieren, egal, ob Sie die Freunde Ihres Partners mögen oder nicht. Im Normalfall wird Ihnen das nicht allzu schwerfallen, denn schließlich hat Ihr Liebster ja ein wenig Geschmack. Aber wie sieht es aus, wenn Sie eines Abends völlig geschafft von der Arbeit nach Hause kommen und Ihr Wohnzimmer von einer Horde Bier trinkender Fußballfans bevölkert ist, die Sie mit den Worten begrüßen: »Schön, dass du da bist, kannst du uns noch schnell Chips holen?« Einer Single-Frau kann das nicht passieren.

Der Weg zu einer neuen Freundin
Gibt es in Ihrem Umfeld einen Menschen, den Sie sympathisch finden, mit dem Sie ansonsten aber nicht näher zu tun haben? Einen Kollegen vielleicht? Jemand aus dem Fitnessstudio? Eine Frau, die immer zur gleichen Zeit ihren Hund im Park ausführt wie Sie? Dann sprechen Sie sie oder ihn doch bei nächster Gelegenheit einmal an und beginnen Sie eine Unterhaltung. Wer weiß, vielleicht ergibt sich ja eine neue Freundschaft daraus …

Freundschaften pflegen

Und zu guter Letzt haben Singles auch mehr Zeit, die sie mit ihren Freunden verbringen können, als Paare – schließlich gibt es keinen Partner, der auch noch etwas davon abhaben möchte. Singles sind daher meist besser darin, Freundschaften zu pflegen. Und das ist wichtig, denn ähnlich wie an einer Beziehung muss man auch an einer Freundschaft arbeiten, damit diese nicht einschläft. Alle zwei Monate einmal ein Telefonanruf – das ist in den meisten Fällen nicht genug. Und die Freundin nur als Notnagel zu benutzen, wenn der Herzallerliebste gerade nicht verfügbar ist, ist ebenfalls kein guter Stil. Zeit ist heutzutage ein wertvolles Gut, schenken Sie also auch Ihren Freunden davon. Das fällt Singles naturgemäß leichter als Paaren – nutzen Sie diesen Vorteil!

Wie Harry und Sally:
Der beste Freund

Eine beste Freundin haben die meisten von uns, doch wie sieht es mit einem besten Freund aus? Zugegeben, er ist nicht ganz einfach zu finden. Wer das Glück hat, einen solchen Mann in seinem Leben zu haben, kennt diesen meistens schon sehr lange. Und gerade weil man schon zusammen im Sandkasten gespielt hat, ist nie mehr passiert. Vielleicht war der beste Freund aber auch tabu für Sie, weil er mit Ihrer Schwester oder Freundin zusammen war oder Sie zu dieser Zeit in einer glücklichen Beziehung steckten. Egal, wie Sie zu Ihrem besten Freund gekommen sind: Glücklich schätzen können Sie sich in jedem Fall, denn Sie haben sozusagen einen Verbündeten in Ihrem Single-Leben. Wenn Sie nämlich wieder einmal an der Männerwelt zweifeln, ist er der lebende Beweis, dass doch nicht alle Herren der Schöpfung doof, gemein oder Machos sind.

Auch können Sie ihn um Rat fragen, wenn Sie absolut nicht verstehen, was hinter einem bestimmten Verhalten eines Exemplars der Spezies »Mann« steckt: Warum tut er das? Soll ich ihn jetzt anrufen? Erwartet er, dass ich ihn anrufe? Ein bester Freund bietet Ihnen ganz neue Einsichten in die Männerwelt und erspart die Lektüre etlicher Ratgeber. Und ist dieser Mann nicht gerade ein Stoffel oder absolut immun gegen alle weiblichen Reize, so wird

er darüber hinaus zur Kenntnis nehmen, wenn Sie wieder einmal absolut umwerfend aussehen und Ihnen ein entsprechendes Kompliment machen. Wie gut das tut, wissen wir alle, selbst wenn es »nur« von einem guten Freund kommt. Noch besser ist: Gerade weil der beste Freund eben nur ein Freund ist, wissen wir, dass er das Kompliment absolut ehrlich meint und keinerlei Hintergedanken dabei hat – und können es daher einfach annehmen und uns darüber freuen.

Komplikationen

Problematisch wird ein bester Freund immer dann, wenn es in Ihrem Leben einen neuen Traummann gibt. Oft versteht er diese besondere Beziehung nicht und ist überzeugt, dass Männer und Frauen nicht einfach »nur so« befreundet sein können (vielleicht weil er von sich auf andere schließt?). Die Folge: Eifersucht macht sich breit. Im schlimmsten Fall müssen Sie sich sogar für einen der beiden Männer entscheiden.

Doch auch der beste Freund kann plötzlich »komisch« werden, wenn ein anderer Mann ins Spiel kommt – selbst wenn er wirklich nur ein platonischer Freund ist. Kein Mann ist gut genug für Sie, selbst an einem Traumprinzen findet er noch etwas auszusetzen, und Sie werden unsicher: Er kennt mich so gut, vielleicht hat er ja Recht und es ist doch nicht der Richtige? Oder Sie sind sauer auf ihn: Gönnt er mir mein Glück etwa nicht? Egal, was hinter einem solchen Verhalten des besten Freundes steckt: Es nervt. Versuchen Sie also herauszufinden, warum er sich so verhält. Sprechen Sie ihn am besten ganz direkt darauf an und suchen Sie gemeinsam eine Lösung für das Problem.

Dem besten Freund danken
Leider kann ich Ihnen an dieser Stelle keinen Tipp geben, wie Sie einen besten Freund finden, und richte mich daher an all diejenigen, die bereits einen haben: Sagen Sie ihm von Zeit zu Zeit, wie wichtig er Ihnen ist und wie froh Sie sind, einen solchen Freund zu haben. Ihre Freundschaft ist etwas Besonderes, doch leider vergessen wir allzu oft, uns dafür zu bedanken.

Der beste Freund – der ideale Partner?

Wenn Sie einen besten Freund haben, aber noch auf der Suche nach einem Partner sind, haben Sie sich bestimmt schon einmal folgende Frage gestellt: Warum nicht gleich den Freund als Partner nehmen? Eigentlich wäre er ja der ideale Mann, denn wir verstehen uns einfach super. Doch leider will sich das berühmte Kribbeln im Bauch, nach dem Sie sich so sehr sehnen, mit ihm einfach nicht einstellen. Ganz klar: Ihr bester Freund ist zwar ein Mann, doch in erotischer Hinsicht ist er ein Neutrum – zumindest für Sie. Aber das kann sich ändern: Plötzlich entsteht ein Moment, in dem Sie den besten Freund als Mann wahrnehmen, mit allen Konsequenzen, die das nun einmal mit sich bringt.

Was tun? Dem Impuls nachgeben? Der amerikanische Psychologe Stuart Miller hat festgestellt, dass der Wunsch, die geistige Intimität auch aufs Körperliche zu übertragen, in jeder zweiten platonischen Freundschaft zwischen Mann und Frau vorkommt. Warum also nicht die Grenze überschreiten? Eines sollte Ihnen jedoch klar sein: Wenn Sie Sex mit Ihrem besten Freund haben, haben Sie keine Freundschaft mehr, sondern eine Affäre. Nicht selten bedeutet dies das Aus für eine langjährige Freundschaft. Die Tatsache, dass Sie sich so gut kennen und verstehen, mag Ihnen vielleicht besonders attraktiv erscheinen, doch fehlt Ihrer Beziehung das Geheimnisvolle, das eine neue Liebe so aufregend macht. Es gibt an Ihrem neuen Partner nichts mehr zu entdecken – und so kann diese Beziehung auch schnell wieder langweilig werden. Auch legen wir für Freunde – auch für beste Freunde – andere Maßstäbe an als für Beziehungen. Dinge, die wir einem Freund noch problemlos nachsehen, können uns bei einem Partner auf die Palme bringen. So finden wir es bei einem Freund vielleicht noch amüsant, wenn er kein glückliches Händchen für Geldangelegenheiten hat und ständig zusehen muss, wovon er seine nächste Mahlzeit bezahlt. Anders sieht es allerdings aus, wenn wir ihn als unseren Partner ständig durchfüttern müssen und er uns seinen Teil der Miete schuldig bleibt. Oder er ist ein Muttersöhnchen, und keine seiner Partnerinnen kann

mit Mama mithalten. Als beste Freundin stört Sie das meist nicht weiter, als Partnerin dagegen durchaus.

All das bedeutet jedoch nicht, dass aus Freundschaft keine Liebe werden kann, ganz im Gegenteil: Es gibt unzählige Paare, die jahrelang gute Freunde waren, bevor aus dieser kumpelhaften Beziehung mehr wurde. Statistiken gehen sogar davon aus, dass 38 Prozent der Frauen mit einem Partner leben, denn Sie davor im Schnitt 18 Monate platonisch kannten. Der Vorteil liegt klar auf der Hand: Man weiß genau, worauf man sich einlässt und legt keine überhöhten Maßstäbe an den »Traumpartner« an. Keiner der Partner muss sich groß ins Zeug legen, um den anderen zu beeindrucken – man kann ein-

fach man selbst sein. Und man kennt vor allem die Macken und seelischen Abgründe des anderen. Wenn Sie und Ihr bester Freund beide plötzlich mehr wollen – warum dann also nicht den Sprung ins große Unbekannte wagen? Vorausgesetzt natürlich, die neu erwachten Gefühle sind nicht nur einseitig. In diesem Fall sollten Sie eine Zeit lang auf Abstand gehen und sich erst wiedersehen, wenn Sie bereit sind, die Freundschaft, und nur diese, fortzuführen.

Doch egal, ob aus der Freundschaft Liebe wird oder nicht – einen entscheidenden Vorteil hat das Leben einer Single-Frau: Sie kann guten Gewissens einen besten Harry-und-Sally-Freund haben und nur davon profitieren.

Einfach mal ausprobieren:
Neugierde und Aufgeschlossenheit

Wissen Sie noch, wann Sie das letzte Mal einen Menschen kennengelernt haben, der dann auch für längere Zeit in Ihrem Leben geblieben ist? Und damit meine ich jetzt keinen neuen Partner, sondern einen x-beliebigen anderen Menschen? Oder wann Sie das letzte Mal etwas Neues ausprobiert haben, zum Beispiel eine Sportart, Zeichnen, Kochen oder ähnliches? Wer in einer Partnerschaft lebt, richtet sein Leben stark nach dem Partner aus – das ist ja auch verständlich. Vielleicht fangen wir noch an, Tennis zu spielen, weil unser Partner das tut, doch ansonsten sind wir wenig offen für Neues. Woran das liegt, ist klar: Wir haben ja den Partner und brauchen sonst niemanden. Und wir haben mit ihm auch immer etwas zu tun, also brauchen wir auch kein neues Hobby.

Singles sind Neuem gegenüber viel aufgeschlossener als Paare, sei es weil sie vielleicht mehr Zeit haben, einen neuen Partner finden wollen oder ein-

fach ihre Single-Zeit nutzen wollen. Wenn sie abends nach Hause kommen, wartet niemand auf sie, und so können sie getrost noch in den Spanischkurs gehen. Oder stellen Sie sich die folgende Situation vor: Das Telefon klingelt und die Freundin ist dran: »Ich bin am Samstag zu einer Vernissage eingeladen, will aber nicht allein hingehen. Kommst du mit?« Weil Sie Ihre Wochenendplanung nicht mit dem Partner abstimmen müssen, können Sie ganz spontan »Ja« sagen. Und sehen am Samstag dann nicht nur interessante Bilder oder Kunstwerke, sondern lernen darüber hinaus auch viele interessante Menschen kennen.

Dass Singles mehr Freunde und soziale Kontakten besitzen, haben wir bereits gesehen. Und das liegt unter anderem daran, dass sie prinzipiell aufgeschlossener gegenüber neuen Bekanntschaften sind – denn es könnte ja immer auch »Mr. Right« dabei sein. Doch selbst wenn er nicht dabei ist, hat die Single-Frau jede Menge neuer Kontakte geknüpft und Menschen kennengelernt, denen sie vielleicht nie begegnet wäre, wenn sie in einer Partnerschaft leben würde.

Just do it!

Was uns als Werbespruch tierisch auf die Nerven geht, trifft auf das Leben der Single-Frau genau zu: Just do it – was spricht dagegen, etwas einfach zu tun? Wenn Sie plötzlich zum Bungeejumping gehen wollen, wird Sie niemand aufhalten. Sie müssen niemanden »um Erlaubnis fragen« und Ihre Pläne mit niemandem abstimmen. Nein, Sie können einfach loslegen, Neues ausprobieren, neue Menschen kennenlernen – kurz gesagt: Ihnen steht die ganze Welt offen.

Eine gehörige Portion Neugierde und Aufgeschlossenheit müssen Sie dazu freilich mitbringen – doch daran fehlt es einer Single-Frau ja nur selten. Oder wollen Sie sich etwa in Ihren vier Wänden vergraben und sich vor der Welt mit ihren unzähligen Möglichkeiten verstecken? Sie wissen doch gar nicht, was (oder wer) dort auf sie wartet ... Spannend wird es allemal!

Übung: Jeden Tag etwas Neues!

Neugierde und Aufgeschlossenheit – das klingt in der Theorie ja ganz nett, mögen Sie sich jetzt vielleicht denken. Doch wo anfangen? Und ganz allein? Bevor wieder alles schief geht, bleiben Sie doch lieber in Ihren gewohnten Bahnen. Aber dann wird Ihnen eine ganze Menge entgehen! Sie müssen ja nicht gleich allein auf eine Trekkingtour im Himalaya gehen, fangen Sie einfach mit kleinen Dingen an. Tun Sie jeden Tag etwas, das Sie noch nie zuvor getan haben – einiges davon wird Ihnen sogar richtig Spaß machen! Hier ein paar Beispiele:

- Wenn Sie morgens beim Bäcker Ihre Brötchen holen, wechseln Sie ein paar freundliche Worte mit der Verkäuferin oder wünschen Sie ihr zumindest einen schönen Tag.
- Kaufen Sie sich ein exotisches Kochbuch und kochen Sie etwas, das Sie noch nie zuvor gegessen haben.
- Gehen Sie ins Kino – und zwar ganz allein.
- Nehmen Sie einmal einen anderen Weg ins Büro. Fahren Sie zum Beispiel mit dem Bus statt mit dem Auto. So erhalten Sie eine ganz andere Perspektive auf Ihre Stadt – vielleicht entdecken Sie dabei ja sogar ein nettes Café, das Sie einmal testen möchten?
- Verbringen Sie Ihre Mittagspause einmal nicht mit den üblichen Kollegen, sondern machen Sie einen Spaziergang.
- Das Wetter ist schön und Sie wissen nicht, was Sie tun sollen? Nehmen Sie sich ein gutes Buch, setzen Sie sich auf eine Parkbank und beobachten Sie einfach nur die Menschen ...
- Gehen Sie in Ihre Lieblingsbar und trinken Sie einen Cocktail – ganz allein.
- Überlegen Sie sich, was Sie schon immer einmal lernen wollten: Spanisch, Reiten oder eine Internet-Seite erstellen – und melden Sie sich zu einem entsprechenden Kurs an.
- Sprechen Sie einen Mann an, der Ihnen gefällt, und laden Sie ihn zu einem Kaffee ein. Wer weiß, was daraus wird?

Einige dieser Dinge werden Sie ein wenig Überwindung kosten oder gehen vielleicht sogar schief (der Mann könnte schließlich auch »Nein« sagen). Aber trotzdem sind Sie über Ihren Schatten gesprungen und haben Ihre Grenzen überschritten. Auf jeden Fall haben Sie etwas Ungewohntes getan und haben nun etwas zu erzählen. Behaupten Sie also nie wieder, Ihr Single-Leben sei langweilig!

Ab in den Süden:
Urlaub und Freizeit

Die schönsten Wochen im Jahr stehen vor der Tür, und bei Singles macht sich schlechte Stimmung breit. Alle Freunde und Freundinnen stecken gerade in Partnerschaften und fallen damit als Reisepartner aus. Und die einzige Single-Freundin braucht Tag und Nacht Action – Sie aber möchten lieber in Ruhe am Strand liegen und lesen! Was bleibt Ihnen also anderes übrig, als den Urlaub auf Balkonien zu verbringen?

Warum denn nicht allein?

Allein wegfahren natürlich – was denn sonst! Eine Urlaubsreise ist ideal, um abzuschalten und auf andere Gedanken zu kommen. Man kann sich zwar auch auf Balkonien einigermaßen erholen, doch Sie kennen das ja: Sie nutzen Ihre freien Tage, um endlich einmal in Ruhe zu *Ikea* zu fahren und wurschteln dann die nächsten Tage in Ihrer Wohnung herum. Beim Einkaufsbummel treffen Sie Ihre Kollegin, die Ihnen natürlich sofort den neuesten Büroklatsch auf die Nase bindet und wieder einmal über den Chef lästert. Und dann gibt es auch so noch eine Menge zu erledigen: Das Auto muss zum TÜV, Ihre Mutter will ihren Garten umgestalten, und die Steuererklärung ist ebenfalls noch nicht gemacht. So vergehen die zwei Wochen Urlaub wie im Flug, aber erholt haben Sie sich nicht. Wer dagegen auch räumlichen Abstand zur Arbeitswelt schafft, kann viel besser abschalten.

Außerdem gewinnen wir bei einer Urlaubsreise viele neue Eindrücke, sehen fremde Länder und lernen neue Menschen kennen. Was wünscht sich die Single-Frau mehr?

Dazu kommt: Sie allein bestimmen, wohin es geht. Wenn Sie einfach nur eine Woche Wellness-Urlaub im Schwarzwald machen und sich dabei so richtig verwöhnen lassen wollen, können Sie das mit gutem Gewissen tun, denn niemand sitzt schmollend allein zu Hause und wartet auf Ihre Rückkehr. Wenn Sie seit langem von Australien träumen, Ihr Ex aber unter Flugangst litt, dann ist nun der richtige Zeitpunkt dafür. Und wenn Sie schon immer einmal ein bestimmtes Land erkunden wollten, bis jetzt aber nicht die Gelegenheit dazu hatten, dann sollten Sie jetzt nicht länger zögern. Sie haben schließlich Urlaub – und Sie allein entscheiden, was Sie mit den schönsten Wochen des Jahres anfangen!

Viele Frauen können sich mit dem Gedanken, ganz allein zu verreisen, allerdings gar nicht anfreunden. Sofort haben sie Schreckensszenarien vor Augen: Bestohlen werden, mit K.o.-Tropfen außer Gefecht gesetzt werden, verschleppt und in einen Harem verkauft werden – was kann einer allein reisenden Frau nicht alles passieren! Und ist sie nicht automatisch Freiwild für alle Gigolos und sonstigen finsteren Gestalten? Die Vorstellung, ganz auf sich gestellt zu sein, macht vielen Frauen Angst. Ganz zu schweigen davon, dass man niemanden hat, mit dem man seine Reiseerlebnisse teilen kann und zu dem man auch in zehn Jahren noch sagen kann: »Weißt du noch, damals in Thailand …?«

Ohne Zweifel, das Alleinreisen bringt einige Nachteile mit sich, aber andererseits: Wollen Sie wirklich Ihr ganzes Leben bedauern, dass Sie nie in Australien waren, nur weil niemand mit Ihnen dorthin fahren wollte? Allein reisen ist gar nicht so schwer. Es kostet zwar einige Überwindung, aber man kann auch sehr viel Spaß dabei haben. Ein paar Tipps für alle Frauen, die sich allein in die große weite Welt hinauswagen möchten, erhalten Sie auf den folgenden Seiten.

Die richtige Vorbereitung

Wer zum ersten Mal allein verreist, sollte sich auf diese Reise ein wenig gründlicher vorbereiten, als er es bisher gewohnt war. Zunächst sollten Sie sich darüber klar werden, was Sie eigentlich wollen. Bleiben wir bei unserem Beispiel: Sie wissen, dass Sie nach Australien möchten, so weit, so gut – und weiter? Sie können sich zum Beispiel ein Flugticket nach Sydney kaufen und losfliegen. Den Rest organisieren Sie dann einfach vor Ort. So eine Individualreise ist die ultimative Freiheit, kann aber auch ganz schön anstrengend sein, denn Sie müssen sich ständig um Unterkünfte, Transportmöglichkeiten, Ausflüge und Ähnliches kümmern und haben niemanden, der Sie dabei unterstützt. Und es merkt auch niemand, wenn Sie mal verloren gehen – da ist es wieder, das Gefühl der Unsicherheit!

Am anderen Ende des Spektrums steht die Pauschalreise, die Reisende mittlerweile in beinahe jeden Winkel der Welt führt. Hier wird Ihnen jegliche organisatorische Arbeit abgenommen, allerdings müssen Sie sich dann auch an das Programm des Reiseveranstalters halten – selbst wenn es Ihnen an einem der Orte so gut gefällt, dass Sie dort am liebsten den Rest Ihres Lebens verbringen möchten. Pauschalreisen gibt es inzwischen in allen Varianten: vom einfachen Badeurlaub mit Flug und Halbpension über Kultur- und Studienreisen bis hin zu speziellen Themenreisen wie Tauch- oder Reiturlaub sowie geführten Trekkingtouren. Da ist doch bestimmt auch etwas dabei, das Ihnen Spaß machen würde, oder?

Wer in seinem Urlaub »Action« braucht, ist mit einem Cluburlaub – es gibt auch spezielle Clubs für Singles und junge Leute – oder auch mit einer Kreuzfahrt, auf der heut-

Gut zu wissen
Egal, welche Art Urlaub Sie bevorzugen: Informieren Sie sich besonders gründlich über das Zielland. Dazu gehören nicht nur die üblichen Informationen wie Einreisevorschriften, Klima, Sehenswürdigkeiten etc., sondern auch, wie die Situation der Frau dort aussieht und wie man allein reisenden Frauen begegnet. In guten Reiseführern finden sich spezielle Abschnitte zu diesen Themen.

zutage keineswegs nur Senioren unterwegs sind, gut bedient. Hier finden Sie garantiert Anschluss, und langweilig dürfte es dank des 24-Stunden-Animationsprogramms auch nicht werden. Der Nachteil: Wenn Ihnen der Trubel auf die Nerven geht, haben Sie kaum Rückzugsmöglichkeiten, außer das Hotelzimmer oder die Kabine.

Das richtige Dach über dem Kopf

Von der Jugendherberge bis zum Fünf-Sterne-Hotel – allein reisende Frauen könne natürlich dieselben Unterkünfte nutzen wie alle anderen Urlauber auch. Wofür Sie sich entscheiden, wird daher in erster Linie von Ihren Bedürfnissen und Ihrem Budget abhängen.

Jugendherbergen stehen in vielen Ländern Menschen aller Altersstufen offen und sind nicht so schrecklich wie ihr Ruf. Perfekt ausgestattete Küchen sind Standard, und häufig gibt es auch Einzelzimmer, die zwar mehr kosten als ein Bett im Schlafsaal, aber immer noch günstiger sind als ein Hotelzimmer. Jugendherbergen sind vor allem aus einem Grund zu empfehlen: Sie finden dort ganz schnell Anschluss, denn es sind weit mehr Menschen allein unterwegs, als man meinen möchte.

Wenn Sie sich für einen Hotel- oder Cluburlaub entscheiden, sollten Sie darauf achten, dass Sie nicht in einem reinen Familienhotel oder -club landen, denn dort sind Sie ein Exot. Familien wollen in ihrem Urlaub Zeit für sich haben und werden Sie daher in der Regel nicht einmal bemerken. Vermeiden Sie es auch, in den Sommerferien zu verreisen, denn dann sind naturgemäß die meisten Familien unterwegs. Als Single haben Sie ja die Wahl, wann Sie Ihren Urlaub nehmen – vom Wohlwollen des Chefs natürlich einmal abgesehen.

Wofür Sie sich auch entscheiden: Nehmen Sie Ihr Feriendomizil stets genau unter die Lupe, bevor Sie buchen. Bei Städtereisen sollten Sie darauf achten, dass Ihre Unterkunft nicht gerade im Rotlichtbezirk oder weit außerhalb

liegt und mit den öffentlichen Verkehrsmitteln gut zu erreichen ist. Das erspart Ihnen eine Menge Sorgen – und Geld fürs Taxi. Lassen Sie sich von Ihrem Reisebüro beraten und recherchieren Sie auch selbst im Internet. Je mehr Sie über Ihren Urlaubsort wissen, umso besser können Sie sich darauf einstellen und umso mehr darauf freuen!

Kontakte knüpfen

Gut und schön, Sie sind allein in den Urlaub gefahren. Und nun? Immer nur allein am Strand herumliegen? Und wie bekommen Sie etwas vom Landesinneren zu sehen? Jetzt jemanden finden, der ab und zu etwas mit Ihnen unternimmt – das wäre doch toll!

Kontakte im Urlaub zu knüpfen ist gar nicht so schwer. Im Gegenteil, Sie werden sich sogar wundern, wie oft Sie als allein reisende Frau angesprochen werden – und zwar keineswegs mit bösen Hintergedanken, sondern einfach nur, weil allein reisende Frauen nach wie vor Aufmerksamkeit erregen. Wichtig ist – und hier ist Ihr neues Single-Selbsbewusstsein gefragt –, dass Sie die Regeln vorgeben. Sie allein entscheiden, mit wem Sie Kontakt aufnehmen wollen und mit wem nicht. Grundsätzlich gilt: Beobachten Sie die anderen Gäste. Ist vielleicht außer Ihnen noch jemand allein hier? Wenn Ihnen diese Person sympathisch erscheint, spricht überhaupt nichts dagegen, sie anzusprechen: »Entschuldigen Sie, ich bin gerade erst angekommen, können Sie mir vielleicht ein gutes Restaurant empfehlen?«

Nutzen Sie alle Möglichkeiten
In vielen Hotels oder Clubs gibt es für Neuankömmlinge einen Begrüßungscocktail. Meist erhalten Sie bei dieser Gelegenheit zudem Informationen über das Hotel, die Anlage und Ihren Urlaubsort. Auch wenn Sie diese Veranstaltung ein wenig albern finden, gehen Sie hin! Denn so können Sie andere Urlauber dezent unter die Lupe nehmen und mit dem einen oder anderen ganz locker ins Gespräch kommen.

Begegnen Sie anderen mit Neugierde und Offenheit – wer sich stets nur in sein Buch vergräbt, wirkt

nämlich nicht gerade kontaktfreudig. Grüßen Sie Menschen, die Sie aus dem Hotel oder von Ausflügen her kennen, wenn sie Ihnen zufällig am Strand oder in der Stadt begegnen. Und vermitteln Sie eine positive Grundstimmung. Viele Deutsche neigen zum Meckern und Nörgeln. Darüber kommt man zwar schnell ins Gespräch, doch sind diese Unterhaltungen meist auch schnell wieder beendet.

Urlaubskontakte – Freunde fürs Leben?

Machen Sie sich klar, dass Kontakte, die Sie im Urlaub knüpfen, nicht mit Ihren »normalen« sozialen Kontakten zu Hause vergleichbar sind. Urlaubskontakte sind zeitlich auf die ein bis zwei Wochen begrenzt, die Sie zufällig im selben Hotel am selben Ort verbringen. Oft gehen sie auch nicht sehr in die Tiefe – ich selbst habe zum Beispiel schon viele nette Urlaubstage mit Menschen verbracht, von denen ich nicht einmal wusste, was sie beruflich machen. Zu Hause wäre so etwas undenkbar. Natürlich können aus solchen Urlaubsbekanntschaften auch richtige Freundschaften – oder sogar Liebesbeziehungen – werden, doch im Normalfall sind die Kontakte beendet, wenn jeder wieder in sein »richtiges« Leben zurückkehrt. Machen Sie sich diese Tatsache von vornherein bewusst und setzen Sie nicht zu viele Hoffnungen in Ihre Urlaubskontakte, so dass Sie später nicht enttäuscht sind, wenn Sie von den netten Neuseeländern, mit denen Sie im Urlaub jeden Tag zusammen waren, nie wieder etwas hören. Und wenn doch, dann können Sie sich umso mehr freuen!

Dass Urlaubskontakte zeitlich begrenzt sind, hat aber auch einen Vorteil. Erhalten Sie einmal eine Abfuhr – zum Beispiel weil der nette, allein reisende Typ keine Lust hat, mit Ihnen einen Cocktail zu trinken –, so wissen Sie, dass Sie ihn vermutlich nie wiedersehen werden. Sie müssen daher auch keine Angst haben, sich eine Blöße zu geben. Worauf warten Sie noch?

Vielleicht lernen Sie an Ihrem Urlaubsort jedoch nicht nur andere Touristen kennen, sondern auch Einheimische. Solche Kontakte können Ihnen einen

ganz anderen Einblick in das jeweilige Land gewähren und sind mit Sicherheit eine wertvolle Erfahrung. Eines sollten Sie jedoch bedenken: Nicht überall haben Frauen dieselben Freiheiten und denselben Stellenwert wie hier in Deutschland. Es kann durchaus vorkommen, dass ein Mann sich überzogene Hoffnungen macht, nur weil Sie einen Drink von ihm annehmen. Informieren Sie sich vor Reiseantritt daher genau über die Rolle der Frau in Ihrem Urlaubsland und legen Sie eine gesunde Portion Misstrauen an den Tag, was jedoch nicht heißt, hinter jedem freundlichen Wort gleich einen Übergriff zu vermuten. Übrigens: Wenn Sie von einem einheimischen Mann zu einem Essen mit seiner Familie eingeladen werden und nicht wissen, was hinter dieser Einladung steckt, können Sie dies ganz einfach herausfinden. Fragen Sie, ob Ihr Bruder, der gerade auf einem Ausflug ist, mitkommen kann – an der Reaktion werden Sie schnell erkennen, was los ist!

Unerwünschte Kontakte vermeiden

Wie bereits erwähnt, erregen allein reisende Frauen noch immer Aufmerksamkeit, was durchaus positiv sein kann (siehe Seite 80). Doch manchmal kann diese Aufmerksamkeit auch zu weit gehen: Bei einem Tagesausflug unterhalten Sie sich zum Beispiel mit einem allein reisenden Mann, wollen ihn aber nicht unbedingt wiedersehen. Doch von nun an läuft er Ihnen ständig über den Weg: Im Lieblingscafé, am Strand oder auf dem Markt – überall schallt Ihnen seine Stimme entgegen: »Ach, du auch hier? Was für ein Zufall!« Vielleicht haben Sie am Abend aber auch eine kurze Unterhaltung mit dem Barkeeper gehabt und nun klingelt Ihr Zimmertelefon Sturm. »Ich habe morgen frei, willst du mit mir einen Ausflug machen? Ich kenne da eine ganz tolle Bucht, da kommen keine Touristen hin ...«

Was tun? Auf Tauchstation gehen? Dann werden Sie leider nicht mehr viel von Ihrem Urlaub haben, es sei denn, die Tapete in Ihrem Hotelzimmer gefällt Ihnen außerordentlich gut. Versuchen Sie den unerwünschten Verehrer so weit es geht zu ignorieren, dann wird er sich vermutlich ein anderes Opfer suchen. Oder Sie sagen ihm unmissverständlich, dass Sie nicht an ihm interessiert sind und suchen sich andere Gesellschaft. Denn wenn Sie nicht mehr allein herumlaufen, wirkt das abschreckend auf Ihren »Schatten«.

All inclusive – auch der Urlaubsflirt?

Als Single dürfen Sie immer und überall flirten. Ja, Sie sollen es sogar, um nicht aus der Übung zu kommen und um Ihr Selbstbewusstsein zu stärken. Das gilt natürlich auch für den Urlaub. Und das Beste daran: Niemand aus Ihrem normalen Umfeld bekommt etwas davon mit! Wenn Sie wollen, können Sie also jede Nacht einen anderen Typen abschleppen, und daheim sind Sie dann wieder die »Brave«. Was Sie in Ihrem Urlaub auch vorhaben, machen Sie sich bewusst, dass Ihr Urlaubsflirt in der Regel nur von begrenzter Dauer sein kann. Im Klartext heißt das: Verlieben Sie sich nicht unsterblich in den heißblütigen Kellner aus dem Hotelrestaurant (dass dieser Tipp völlig nutzlos ist, weil man Gefühle nun einmal nicht steuern kann, lassen wir jetzt einmal unter den Tisch fallen). Schon so manche Single-Frau, die sich nach einem Partner und zugleich auch noch nach einem exotischeren Leben sehnte, kündigte kurz nach ihrer Rückkehr ins verregnete Deutschland Job und Wohnung, um für immer in die starken Arme ihres Romeos zurückzukehren. Nur dass sie in diesen Armen dann eine andere Touristin vorfand – oder seine Ehefrau.

Single-Fallen im Urlaub

In der Theorie klingt alles wunderbar: Sie haben sich überwunden und sind allein in den Urlaub gefahren. Sie haben sich im Vorfeld gut über Ihr Urlaubsziel informiert, ein Hotel gebucht, das Ihren Vorstellungen entspricht, und Sie sind dort auch ohne Probleme angekommen. Und jetzt? 14 Tage nur herumliegen

Nur nicht den Kopf verlieren
Ich will gar nicht ausschließen, dass man im Urlaub seinen Traumpartner kennenlernen kann – es gibt etliche Beispiele, die genau das beweisen. Aber überstürzen Sie bitte nichts und geben Sie Ihrer Beziehung eine Chance, nämlich die, sich auch im Alltag kennenzulernen. Denn selbst unter Palmen hat man nicht das ganze Jahr Urlaub!

und lesen? Das kann doch nicht alles sein! Und was machen Sie am Abend? Und wenn es regnet? Ach, wären Sie doch bloß zu Hause geblieben!

Auch im Urlaub kann uns von einer Sekunde auf die andere der Blues überkommen, und das Schlimmste ist: Wir haben niemanden, der uns Trost spendet, es sei denn wir wollen in einem Monat eine horrende Handyrechnung erhalten. Doch auch gegen typische Urlaubs-Single-Fallen kann man sich wappnen.

Single-Falle »Mir ist langweilig!« Im Alltagsleben haben Sie sich mit Ihrem Single-Status vielleicht schon gut arrangiert und haben auch keine Angst vor den Wochenenden mehr. Doch 14 Tage ganz allein verbringen – das ist etwas komplett anderes! Vor allem Frauen, die beruflich stark eingespannt sind, haben oft Probleme, wenn sie auf einmal keinen strukturierten Tagesablauf mehr haben, sondern ihren Tag selbst ausfüllen »müssen«. Aber keine Panik! Zuerst einmal gilt: Egal, was Sie mit Ihren 14 Tagen Urlaub anfangen – haben Sie kein schlechtes Gewissen. Wenn Sie einfach nur am Strand liegen und lesen wollen und Ihre Hotelanlage in 14 Tagen nicht einmal verlassen, weil Sie einfach nur faulenzen wollen – wen kümmert's? Diese Stimme in Ihrem Kopf, die sagt: »Jetzt bis du schon in Griechenland und schaust dir nicht mal was an!«, sollten Sie ganz schnell zum Schweigen bringen. Es ist Ihr Urlaub, und Sie ganz allein entscheiden, was Sie machen!

Wer sich nur schwer mit sich allein beschäftigen kann, sollte seinen Urlaub im Voraus ein wenig planen. Informieren Sie sich im Reisebüro oder im Internet, welche Freizeitangebote es vor Ort gibt. Welche Sehenswürdigkeiten befinden sich in der näheren Umgebung? Welche Ausflüge werden angeboten? Gibt es Sportkurse? Stellen Sie schon vor Ihrer Abreise einen Plan auf, was Sie alles unternehmen wollen, Sie brauchen sich ja später nicht unbedingt daran zu halten. Als ich das erste Mal allein verreiste, hatte ich die zwei Wochen Urlaub perfekt durchorganisiert – nur um diesen Plan dann komplett über den Haufen zu werfen, weil es mir viel mehr Spaß machte, mich einfach nur treiben zu lassen.

Single-Falle »Was mache ich am Abend?« Tagsüber fällt den meisten Alleinreisenden das Urlaubmachen nicht schwer – aber abends? Wollen Sie sich etwa allein ins Nachtleben stürzen? Nicht unbedingt, aber was ist die Alternative: Fernsehen? Spätestens nach dem Abendessen stellt sich die große Krise ein. Was tun mit einem schönen lauen Sommerabend? Wer nicht allein um die Häuser ziehen möchte, sollte einmal an der Rezeption des Hotels oder in der Touristeninformation nachfragen. Oft werden nämlich organisierte Streifzüge durch das örtliche Nachtleben oder kulturelle Abende mit landestypischem Essen und der einen oder anderen Folkloreeinlage angeboten. Dabei haben Sie nicht nur Gesellschaft, sondern werden in der Regel auch von Ihrer Unterkunft abgeholt und wieder zu Hause abgeliefert. Sie müssen sich also nachts nicht mit öffentlichen Verkehrsmitteln oder Taxis fortbewegen.

Single-Falle »Das habe ich mit aber ganz anders vorgestellt!« Im Urlaubsprospekt sah alles so schön aus, doch in Wahrheit ist alles anders: Das Hotel ist eine einzige Baustelle, im Meer wimmelt es von Algen und das Publikum ist auch nicht Ihr Fall. Und jetzt? 14 Tage an einem Ort absitzen, an dem Sie nicht mal tot über dem Zaun hängen wollen? Leider kann Ihnen niemand garantieren, dass Ihr Urlaub tatsächlich genau so wird, wie Sie ihn sich vorgestellt haben. Versuchen Sie einfach trotz allem, das Beste aus der Situation zu machen. Ihr Hotel ist eine Bruchbude? Dann verbringen Sie so wenig Zeit wie möglich darin und suchen sich stattdessen ein nettes Café oder Restaurant, in dem Sie von nun an Ihre Mahlzeiten einnehmen. Um Sie herum sind nur schreckliche Menschen? Dann erweitern Sie Ihren Aktionsradius und knüpfen beim Sport oder bei Ausflügen neue Kontakte. Nutzt das alles nichts und können Sie Ihrem Urlaub absolut nichts Positives abgewinnen, sollten Sie ernsthaft überlegen, ob Sie nicht früher nach Hause zurückfahren. Das wird Ihnen vermutlich schwerfallen, denn damit werfen Sie unter Umständen nicht nur einen Haufen Geld zum Fenster hinaus, sondern müssen auch noch die Kommentare der Daheimgebliebenen fürchten: »Na, war wohl doch nichts, so ganz allein ...« Und fühlen sich wieder einmal als totale Versagerin! Was die anderen denken, sollte Ihnen

eigentlich egal sein. Immer noch besser, als am Urlaubsort zu sitzen und die Stunden, Minuten, Sekunden zu zählen, bis Sie endlich wieder nach Hause dürfen. Auf jeden Fall werden Sie durch einen solchen Urlaub etwas über sich gelernt haben: zum Beispiel, dass Sie nicht der Typ für bestimmte Arten von Reisen sind. Und machen Sie bitte nicht den Fehler, von nun an sämtliche Arten von Single-Aktivitäten zu verteufeln, nur weil einmal etwas schiefging. Sie haben ja auch nicht für immer der Männerwelt abgeschworen, nur weil sich Ihr vermeintlicher Mr. Right als Mr. Wrong entpuppte. Es war eben nur dieser eine Single-Urlaub nichts für Sie, doch in der großen weiten Welt warten noch unzählige Reiseziele darauf, von Ihnen entdeckt zu werden – notfalls auch allein.

Single-Falle »Hilfe, ich bin krank!« Kranksein ist nie besonders angenehm. Noch schlimmer ist es krank und allein zu sein. Und am allerschlimmsten ist, im Urlaub krank und allein zu sein. Wer schon einmal mit Durchfall in einem nicht gerade noblen Hotel in Bangkok gelegen hat, weiß, wovon ich spreche. Aber ich habe es überlebt – auch wenn niemand tröstend meine Hand hielt und mir ins Ohr flüsterte »Es wird schon wieder« (was nicht heißt, dass ich in diesem Moment nicht mein letztes sauberes Hemd für so jemanden gegeben hätte). Verhältnismäßig gut dran sind Sie, wenn Sie schon ein paar Kontakte geknüpft haben. Denn Sie können nun eine dieser Urlaubsbekanntschaften bitten, schnell in der Apotheke ein paar Medikamente zu besorgen. Und wenn diese Urlaubsbekanntschaften keine Unmenschen sind, werden sie auch ab und zu an Ihre Zimmertüre klopfen und nachsehen, wie es Ihnen geht. Haben Sie eine Pauschalreise gebucht, gibt es einen Reiseleiter, an den Sie sich im Krankheitsfall wenden können. Er wird wissen, was zu tun ist, und hat im Normalfall auch ein paar Medikamente bereit. Ebenfalls eine gute Anlaufstelle ist die Rezeption Ihres Hotels. Dort wird man Ihnen einen deutsch- oder englischsprachigen Arzt nennen können und auch ein Taxi rufen, das Sie dort hinbringt. Und wenn Sie ein wenig Trinkgeld springen lassen, übernimmt das Personal meist gerne ein paar Besorgungen für Sie. So kam ich in Bangkok dann auch zu Bananen und isotonischen Getränken – und fühlte mich bald schon wieder besser.

Worauf warten Sie noch?

Haben Sie mittlerweile Lust auf das Alleinreisen bekommen? Überlegen Sie, was Sie schon so lange einmal in Ihrem Urlaub machen wollten. War Ihnen schon immer nach einem Wellness-Urlaub, in dem Sie nach Strich und Faden verwöhnt werden und endlich einmal so richtig ausspannen können, doch Ihr Partner fand das zu langweilig? Dann nichts wie los. Ganz egal, ob Sie sich für ein Wellness-Wochenende im Schwarzwald oder für eine Ayurveda-Kur in Sri Lanka entscheiden – tun Sie, was Sie wollen, und genießen Sie es! Wollten Sie schon immer einmal Spanisch lernen? Dann können Sie natürlich abends nach der Arbeit einen Volkshochschulkurs

besuchen – oder aber Sie können Sprachferien in Spanien oder noch besser in Südamerika machen. Hier lernen Sie nicht nur die Sprache viel besser als am Schreibtisch, sondern tauchen ganz in die fremde Kultur ein – und lernen eine Menge andere Sprachschüler jeden Alters kennen. Interessieren Sie sich für ein bestimmtes Land, zum Beispiel China oder Indien, aber Ihr Partner wollte dort nie hin, weil er nicht gerne fliegt? Dann ist jetzt die Gelegenheit gekommen! Je nach Interesse gibt es eine große Auswahl an Angeboten für diese Länder – von Kultur- und Studienreisen bis hin zu Reisen, bei denen die Natur im Vordergrund steht.

Stellen Sie eine Liste zusammen, an welche Orte Sie schon immer einmal reisen wollten. Einige Reiseziele werden vielleicht ausscheiden, weil sie zu teuer sind – aber was lässt sich mit Ihrem Budget und in der Ihnen zur Verfügung stehenden Zeit realisieren? Mit Sicherheit werden Sie ein Traumziel finden, und wenn es »nur« ein Kulturwochenende in Berlin ist.

Und noch ein kleiner Tipp für alle, die sich nur schwer an den Gedanken gewöhnen können, ein paar Tage ganz alleine zu sein: Packen Sie Dinge ein, die Sie gerne mögen: Ihr Lieblingsoutfit, Ihre Lieblings-CD oder auch das Kuscheltier. So haben Sie etwas Vertrautes dabei, das Sie notfalls auch ein wenig trösten kann.

Mehr als nur Urlaub

Sie werden in Ihrem Single-Urlaub nicht nur einen neuen Ort oder ein unbekanntes Land kennenlernen, sondern auch ein gutes Stück Selbstbewusstsein gewinnen. Sie waren schließlich allein in Neuseeland, was kann Ihnen also in Altötting noch groß passieren? Jetzt ist die Zeit, in der Sie Ihre ganz persönlichen Reiseträume verwirklichen können – worauf warten Sie also noch?

Übung: Eine kleine Testreise

Wer sich nicht sicher ist, ob er einen 14-tägigen Urlaub allein durchsteht, kann für den Ernstfall proben. Unternehmen Sie einen Wochenendtrip in eine deutsche oder europäische Stadt. Das kann ruhig eine Stadt sein, die Sie schon kennen, nur allein sollten Sie dort noch nicht gewesen sein. Die Organisation und

Durchführung des Kurztrips wird Sie vor Aufgaben stellen, die Sie auch bei einer großen Urlaubsreise meistern müssen:

- die Anreise organisieren,
- eine Unterkunft wählen und buchen,
- Sehenswürdigkeiten und Freizeitangebote herausfinden,
- Essen gehen
- ein Programm für den Abend finden ...

Was davon fällt Ihnen leicht, was weniger? Und sollten Sie einmal gründlich danebenliegen, haben Sie bei einer solchen Testreise wenigstens einen Trost: Sie sind in zwei Tagen wieder zu Hause.

Ich, ich, ich!
Einmal egoistisch sein

Singles sind egoistisch – das ist eines der wenigen Dinge, bei denen sich die meisten Nicht-Singles einig sind. Singles verweigern sich der traditionellen Lebensform »Paar«, setzen keine Kinder in die Welt und machen sich keine Gedanken über die Zukunft. Stattdessen haben sie nur ihr eigenes Vergnügen im Kopf und dann – dann kommt erst einmal lange nichts. All diese Vorurteile haben wir bereits zu Genüge behandelt. Doch die Sache mit dem Egoismus hat zumindest ein Gutes: Da alle Welt ja sowieso schon davon ausgeht, dass Singles egoistisch sind, dürfen wir es ruhig auch ein wenig sein. Ganz nach dem alten Motto: »Ist der Ruf erst ruiniert ...«

Mit Egoismus meine ich jetzt aber nicht die Sorte von Egoismus, die Menschen dazu treibt, zuerst ihren Flachbildfernseher aus dem brennenden Haus zu retten und dann die Oma von nebenan. Auch nicht den Egoismus, der uns sagen lässt: »Weißt du eigentlich, wie spät es ist? Ich muss morgen früh raus«, wenn die Freundin nachts um zwei heulend bei uns anruft, weil

ihr Liebster sich mit einer anderen aus dem Staub gemacht hat. Und auch nicht den Egoismus, der einen Menschen dazu bringt, ohne einen Gedanken an die Zukunft in den Tag hineinzuleben und darauf zu vertrauen, dass Mami, Schwester oder das Sozialamt schon für seinen Lebensunterhalt sorgen werden. Ich meine mit einer gesunden Portion Egoismus etwas ganz anderes: Nämlich dass sich Singles niemandem anpassen müssen, zumindest in ihrem Privatleben. Sie müssen keine Kompromisse eingehen und dem Partner zuliebe Dinge tun, die sie eigentlich gar nicht tun wollen. Sie müssen sich nicht denken: »Hat er mich auch noch lieb, wenn ich mir nun die Haare kurz schneiden oder blau färben lasse, wenn ich mit Karin übers Wochenende nach München fahre oder seiner Mutter einmal sage, was ich wirklich von ihr halte?« Was die Gestaltung Ihres Privatlebens, Ihrer Freizeit oder Ihres Aussehens angeht, können Singles ganz allein entscheiden – und tun, was Sie wollen. Sie dürfen sein, wer sie sind, und müssen nicht dem Partner zuliebe eine Seite von sich unterdrücken.

Auf die eigenen Wünsche und Bedürfnisse hören

Haben Sie auch ab und zu das Gefühl, dass Sie von allen möglichen Menschen in verschiedene Richtungen gezerrt werden? Dass jeder ein Stück von Ihnen und Ihrer Zeit abhaben will? Ihr Chef will, dass Sie möglichst viele Überstunden machen und so sein Unternehmen voranbringen. Ihre Mutter will, dass Sie eben kurz bei ihr vorbeikommen und ihr helfen, das neue Küchenregal anzubringen. Ihre beste Freundin will, dass Sie mit ihr zum Einkaufen gehen, um ein Outfit für das Date am nächsten Samstag zu kaufen. Ihre anderen Freundinnen wollen, dass Sie alle zusammen am Freitagabend einmal wieder so richtig einen draufmachen. Und dann könnte da jetzt auch noch ein Partner sein, der möchte, dass Sie ein offenes Ohr für all seine Probleme haben, ein fantastisches Essen für ihn auf den Tisch zaubern und ihn auch im Bett auf ganzer Linie verwöhnen.

Oft haben wir das Gefühl, dass so viele Menschen ein Stück von uns wollen, dass wir selbst dabei auf der Strecke bleiben. »Ich muss, ich muss, ich muss«, heißt es in unserem Alltag dann, aber wie sieht es aus mit »Ich will ...«? Hat uns irgendwer schon einmal gefragt, was wir eigentlich wollen? Die gute Nachricht zuerst: Singles haben wenigstens keinen Partner, der auch noch etwas von ihrer Zeit abhaben will. Das tröstet leider nicht unbedingt, denn wer würde seine Zeit nicht lieber einem fantastischen Kerl schenken als einem ewig nörgelnden Chef? Apropos Chef – den können wir nicht so einfach abstellen, es sei denn wir wechseln den Arbeitsplatz. Doch das ist heutzutage leichter gesagt als getan. Bleiben also all die anderen Bereiche, an denen wir arbeiten müssen.

Unterziehen Sie Ihr Leben einer gründlichen Prüfung: Welche Dinge tun Sie gerne, welche machen Ihnen weniger Spaß? Treffen Sie sich vielleicht mit einer bestimmten Freundin nur, weil Ihre Freundschaft schon seit Urzeiten besteht, doch in Wirklichkeit haben Sie sich nicht mehr viel zu sagen? Übernehmen Sie bestimmte Aufgaben in einem Verein oder einer anderen Gruppe eigentlich nur, weil es ja »irgendjemand« machen muss? Haben Sie eingewilligt, eine Hochzeitszeitung für ein befreundetes Paar zu machen, obwohl sie Hochzeitszeitungen eigentlich doof finden? Überlegen Sie, was Ihnen in Ihrem Leben wirklich wichtig ist, und warum Sie Dinge tun, die Ihnen eigentlich keinen Spaß machen.

Gründe, warum wir unser Leben mit Menschen und Verpflichtungen vollladen, die uns eigentlich nicht angenehm sind, können vielfältig sein. Häufig brauchen Menschen das Gefühl, gebraucht zu werden, und lehnen daher keine Aufgabe ab, die man an sie heranträgt. Sie wollen sich unentbehrlich machen und sich dadurch die Liebe und Zuneigung ihrer Mitmenschen erkaufen. Andere wiederum sind Perfektionisten und bilden sich ein, aus einer Sache

Einen Schlussstrich ziehen
Sie sind in einer Lebensphase, in der Sie niemandem Rechenschaft über Ihr Verhalten ablegen müssen – übrigens auch nicht Ihren Eltern. Hören Sie stattdessen auf Ihre eigenen Wünsche und verabschieden Sie sich von Tätigkeiten, die Ihnen keinen Spaß machen, und von Menschen, mit denen Sie nicht wirklich gerne zusammen sind.

könne gar nichts werden, wenn sie sich nicht selbst darum kümmern. »Bevor wieder alles schiefgeht, mache ich es lieber selbst«, denken sie sich. Wieder andere brauchen die festen Strukturen, die Routinetätigkeiten ihrem Alltag verleihen. Montag ist Fitnessstudio, Dienstag wird *Desperate Housewives* geguckt, am Mittwoch ein Treffen mit Sandra, am Donnerstag noch mal ins Fitnessstudio und am Freitag nach der Arbeit bummeln. Dass uns der Sport schon lange keinen Spaß mehr macht und uns Sandra mit ihrer Oberflächlichkeit mittlerweile auf die Nerven geht, ist uns zwar bewusst, aber wir unternehmen nichts, um die Situation zu ändern. Warum, ist klar: Um herauszufinden, was wir stattdessen tun möchten, müssten wir uns erst einmal mit uns selbst auseinandersetzen. Und genau das sollten Sie als Single lernen.

Lernen, Nein zu sagen

Dieser letzte Ratschlag klingt so einfach und ist doch so schwer. Dabei kann man ihn mit nur einem einzigen Wort umsetzen: »Nein«. Aber genau dieses kleine Wort können viele Frauen – ob Single oder nicht – nur sehr schwer aussprechen. Stattdessen kommt ihnen ein »Ich schau mal«, »Irgendwie schaffe ich das schon« oder »Kein Problem« über die Lippen, während es in ihnen schreit »Ich kann das doch nicht auch noch machen« oder »Ich will das aber gar nicht«.

Doch Neinsagen kann man lernen, und wie das geht, verraten unendlich viele Ratgeber. Frauen, die nicht Nein sagen können, meinen oft, sie machen sich überall beliebt, doch in Wirklichkeit werden sie nur ausgenutzt. Wer einmal anfängt, ab und zu Nein zu sagen, wird merken, dass davon die Welt nicht untergeht. Probieren Sie es aus: Die Freundin ruft an und bittet Sie, mit Ihr ins Kino zu gehen. Sie haben jedoch keine Lust, das Haus zu verlassen, sondern wollen lieber ein Bad nehmen. Also: »Nein, heute nicht. Können wir das auf einen anderen Abend verschieben?« Der Chef bittet Sie, heute »ausnahmsweise« etwas länger im Büro zu bleiben – nur dass diese »Ausnahme« in dieser Woche schon zum dritten Mal vor-

kommt, und er immer nur Sie bittet (weil er nämlich genau weiß, dass Sie nicht Nein sagen können). Also sagen Sie: »Tut mir leid, heute geht es nicht. Ich habe noch einen Termin.« (Kleine Notlügen sind schon einmal erlaubt.) Der Typ aus der Buchhaltung lädt Sie auf einen Kaffee ein, doch Sie wissen genau, dass Sie sich eine halbe Stunde nur anschweigen werden, während er in Ihrem Dekolletee hängt. Dann sagen Sie: »Nein, das wäre meinem neuen Freund nicht recht.« (Notlüge siehe oben.)

Sagen Sie Nein zu Dingen, die Sie nicht tun wollen (gilt natürlich nicht für Steuernzahlen, bei Rot anhalten oder der alten Dame im Bus einen Sitzplatz anbieten). Und wenn Sie merken, dass man Ihre Gutmütigkeit oder Ihren Single-Status ausnutzt, dann ziehen Sie ebenfalls die Notbremse. Damit setzen Sie nicht nur Ihre Ansprüche durch, sondern verschaffen sich auch noch Respekt – und eine geheimnisvolle Aura: »Was kann diese Single-Frau wohl vorhaben, das wichtiger ist als meine Gesellschaft?«

Übung: Seien Sie ein kleiner Egoist!

Gerade habe ich mich groß und breit darüber ausgelassen, wie wichtig es ist, ab und zu einmal Nein zu sagen, wenn man nicht ausgenutzt werden will. Und jetzt setzen Sie das Ganze einmal in die Tat um, nur ein einziges Mal – das reicht für den Anfang. Möchten Sie eine bestimmte Sache eigentlich nicht tun, trauen sich aber nicht so recht abzusagen, weil Sie Angst haben anzuecken oder dann nicht mehr gemocht zu werden? Dann sagen Sie jetzt trotzdem »Nein«, aber höflich und mit einer guten Begründung. »Nein, liebe Kollegin, ich kann diesen Brief für dich jetzt leider nicht fertig machen, denn ich muss noch dringend diesen Vertrag überarbeiten.« Oder: »Liebe Mama, vielleicht macht dein Computer gerade nicht das, was du willst. Aber ich habe mir eben ein heißes Bad eingelassen. Kann dir heute ausnahmsweise nicht einmal jemand anderes helfen?«.« Na, funktioniert es?

Mein Geld gehört mir!

Im Kapitel »Nachteile des Single-Lebens« (siehe Seite 45ff.) haben wir bereits gesehen, dass das Leben als Single leider in vielen Bereichen teurer ist als das Leben als Paar. Doch auch hier gibt es ein klein wenig Licht am Horizont: Sie müssen zwar für Ihre Miete, Telefonkosten, Lebensmittel etc. ganz allein aufkommen, aber das Geld, das dann noch übrig bleibt, gehört nur Ihnen. Will heißen: Sie entscheiden, was in Ihrem Haushalt gekauft wird, und müssen sich dafür nicht rechtfertigen.

Das leuchtet Ihnen nicht ein? Vielleicht machen die folgenden Beispiele Ihnen das etwas klarer: Ihr Fernseher ist kaputt, und da das Teil schon ziemlich alt ist, beschließen Sie, einen neuen zu kaufen. Was tun Sie? Vielleicht wissen Sie schon ganz genau, was Sie wollen, und müssen »nur« noch die Preise und Geräte vergleichen und sich dann für eines entscheiden. Vielleicht kennen Sie sich aber mit Fernsehern nicht so gut aus, recherchieren erst einmal im Internet, lassen sich anschließend vielleicht noch im Fachhandel beraten und entscheiden sich dann für ein Modell, das Ihrer Preisklasse und Ihren Anforderungen entspricht. Ihre Anforderungen – das ist vermutlich eine Größe, die zu Ihrem Wohnzimmer passt, ein passabler Ton, Videotext vielleicht und natürlich sollte man einen DVD-Player anschließen können. Gäbe es jetzt einen Mann in Ihrem Haushalt, so würden Sie das Gerät wahrscheinlich gemeinsam anschaffen. Aber weil Sie nicht genau wissen, was Sie wollen, überlassen Sie die Auswahl dem lieben Partner. Und dieser kommt dann freudestrahlend mit einer Riesenschachtel aus dem Elektromarkt: »Guck mal, Schatz, was ich gekauft habe: einen LCD-Flachbildfernseher! Da können wir mehrere Programme gleichzeitig anschauen, das Bild ist riesig und gestochen scharf und das Beste: Weil wir ihn gemeinsam bezahlen, kostet er nur 1000 Euro pro Person!« Und Sie wollten doch einfach nur am Dienstag *Emergency Room* anschauen!

Eines Samstags kommen Sie von einem Einkaufsbummel nach Hause. Die neuen Schuhe haben Sie vorsichtshalber schon in einer Aldi-Tüte versteckt.

Dann werden sie schnell in die hinterste Ecke des Kleiderschrankes geschoben und der Kassenzettel im Altpapier entsorgt. Doch oh weh, gerade an diesem Abend beschließt Ihr Liebster, das Altpapier in den Keller zu tragen, und der verräterische Kassenzettel flattert hervor. »Was? 200 Euro gibst du für ein Paar Schuhe aus? Sind da wenigstens Diamanten drauf?«

Männer haben oft wenig Verständnis, wofür Frauen ihr Geld ausgeben – und umgekehrt: Das 50. Paar Schuhe, eine limitierte Handtasche, Kerzen oder ähnlicher Nippes, der doch nur als Staubfänger dient: Hier fehlt vielen Männern ganz einfach ein entscheidendes X-Chromosom, um nachvollziehen zu können, warum wir diese Dinge unbedingt brauchen. Frauen dagegen können oft nicht verstehen, warum man Musik nicht aus einem einfachen CD-Player hören kann, sondern eine Super-Wahnsinns-HiFi-Anlage mit circa fünftausend Watt dafür braucht und warum nur Männer mit einem sehr großen Selbstbewusstsein einen Fiesta fahren können.

Achtung, Kaufrausch!

Nach einer Trennung wollen viele Frauen ihren Stil radikal verändern. Den Umbruch in ihrem Inneren möchten sie auch nach außen hin deutlich machen. Eine neue Frisur und ein neues Outfit müssen her – ein Stil, der besser zu einer Single-Frau passt und der natürlich auch auf Männer attraktiv wirkt. Mit Ihrem Geld, das als Single wieder ganz allein Ihnen gehört, können Sie sich das auch alles kaufen – zumindest so lange, bis Ihr Dispo ausgereizt ist und Ihre Kreditkarte nicht mehr akzeptiert wird.

Gute Nachrichten für Singles
Sie müssen sich nicht ärgern, wenn Ihr Partner Geld für scheinbar unnütze Dinge ausgibt, und brauchen sich selbst auch nicht zu rechtfertigen, wenn Sie Geld für Dinge ausgeben, mit denen Ihr Partner nur wenig anfangen kann. Hocherhobenen Hauptes dürfen Sie Ihre Schuhkartons in die Wohnung tragen und genauso unbekümmert dürfen Sie sich ein Top kaufen, das Sie bereits in drei ähnlichen Varianten im Kleiderschrank hängen haben. Mein Geld gehört mir – diesen Spruch sollten Sie sich gut merken!

Singles können zwar selbst über ihr Geld entscheiden, doch haben sie leider auch keinen Partner, der einspringt, wenn am Ende des Gehalts einmal wieder zu viel Monat übrig ist. Und ob man immer wieder die Eltern anbetteln will – das ist eine andere Frage. Natürlich ist es schön, sich ab und zu etwas leisten zu können, doch passen Sie auf, dass Sie beim Shoppen nicht über die Stränge schlagen.

In unserer auf Äußerlichkeiten fixierten Welt machen wir unser Selbstbewusstsein nur allzu leicht von den richtigen Schuhen, der Muss-Handtasche oder der In-Jeans abhängig. Wir bilden uns ein, wenn wir dieses bestimmte Kleidungsstück haben, dann gehören wir dazu – zu den Reichen und Schönen, dann sind wir so unwiderstehlich wie die Stars und Sternchen. Doch leider leben wir immer noch in Gelsenkirchen und nicht in Hollywood. Ein Kleidungsstück kann Ihr Leben nicht verändern, auch nicht, wenn es ein Vermögen gekostet hat.

Für die Zukunft vorsorgen

Selbst wenn Ihnen als Single-Frau niemand vorschreiben kann, wofür Sie Ihr Geld ausgeben, sollten Sie Ihre Zukunft nicht vergessen. Vermutlich werden Sie nicht bis ans Ende Ihres Lebens Single sein, sondern irgendwann wieder in einer Partnerschaft leben. Vielleicht bekommen Sie Kinder, ziehen sich eine Zeit lang aus dem Berufsleben zurück oder schränken Ihre Berufstätigkeit zumindest ein. Vielleicht werden Sie dann auch noch einmal Single (die hohen Scheidungsraten zwingen mich leider zu dieser negativen Aussage) und sind dann entsetzt, wie wenig Rente Sie schließlich bekommen – weil Sie zugunsten Ihres Ehemanns und Ihrer Kinder zurückgesteckt haben. Vergessen Sie nicht, auch in Ihre Zukunft zu investieren, damit Sie im Alter, ob Single oder in einer Beziehung – nicht am Hungertuch nagen müssen. Viele junge Leute wollen das nicht sehen, denn sie leben ja hier und jetzt. Aber jeder Cent, den Sie für sich ausgeben, sei es für Ihr jetziges Ich oder Ihr Ich in 40 Jahren, ist ein gut ausgegebener oder angelegter Cent, denn er gehört Ihnen!

Übung: Einen für Sie »wertvollen« Gegenstand kaufen

Als ich mir überlegte, was für eine Übung ich ans Ende dieses Kapitels setzen könnte, wollte mir zuerst nichts einfallen. Haben Frauen ein Problem damit, Geld für sich auszugeben? Müssen sie das erst lernen? Eigentlich nicht, dachte ich mir. Doch dann überlegte ich weiter. Das meiste Geld geben wir Frauen für unsere Schönheit aus, für Kosmetik, Klamotten, den Friseur und so weiter. Zu einem Teil tun wir das für uns selbst, weil wir uns selbst wohl in unserer Haut fühlen wollen, und das gelingt uns nun einmal besser, wenn wir »gut« aussehen. Zu einem Teil tun wir das aber auch für andere: für den Partner, damit uns dieser auch weiterhin attraktiv findet, oder für den potenziellen Partner, der irgendwo da draußen ist und der ja auch nicht vor Schreck davonlaufen soll, wenn er uns zufällig begegnet. Also lautet meine Übung am Ende dieses Kapitels: Kaufen Sie etwas, dass Ihnen, und nur Ihnen, Freude macht. Das kann ein Stück Schokoladentorte sein, auf das Sie jetzt einfach Appetit haben (und nein, von einem Stück Schokoladentorte nimmt man nicht gleich ein ganzes Kilo zu!). Ein Kitschroman, für den Sie sich an der Kasse schon fast schämen müssen, den Sie aber dennoch nur allzu gerne verschlingen. Oder eine Vase, die andere vielleicht geschmacklos finden, Ihnen aber einfach gefällt. Das Wichtigste dabei ist: Machen Sie sich bewusst, dass Sie sich für diesen Kauf vor niemandem rechtfertigen müssen – auch nicht vor sich selbst!

Ist Ihnen die Übung geglückt? Und wie steht es mit den anderen Aufgaben in diesem Kapitel? Egal, ob Ihnen diese leicht von der Hand gegangen sind oder Sie mit der einen oder anderen etwas zu kämpfen hatten – eines haben Sie auf den letzten Seiten gesehen: dass der Alltag eines Singles keineswegs nur grau ist, sondern auch eine ganze Menge Vorteile zu bieten hat. Sie brauchen keine Kompromisse einzugehen, haben Zeit für Freundschaften mit Frauen wie Männern, gehen neugierig und aufgeschlossen durch die Welt, können Urlaub und Freizeit selbst gestalten, dürfen auch einmal egoistisch sein und können ganz allein über Ihr Geld verfügen. Ist das nicht herrlich?

Ob Sie etwas als Vorteil oder Nachteil sehen, hängt von Ihrer Perspektive und Ihrer Einstellung zum Single-Dasein ab. Die eine mag sich angesichts von drei Wochen Sommerurlaub vielleicht denken: »Hilfe, ich habe niemanden, der mit mir wegfährt. Was soll ich nur tun? Die ganze Zeit zu Hause herumsitzen?« Die andere dagegen freut sich: »Toll, endlich einmal Zeit nur für mich. Wohin will ich denn verreisen?«

Ein glücklicher Single schafft es, die positiven Seiten des Single-Lebens zu erkennen und zu genießen. Wie heißt es nun einmal so schön? Ob man ein bis zur Hälfte gefülltes Glas als halb leer oder halb voll betrachtet, ist eine Sache der persönlichen Einstellung. Und genauso verhält es sich beim Thema »Single«. Wir haben nun einmal keinen Partner. Ob wir hier nur die Nachteile sehen oder uns über die Vorteile freuen, hängt von unserer Perspektive ab. Allerdings verschließt sich ein glücklicher Single auch nicht der Möglichkeit einer Partnerschaft. »Alles kann, aber nichts muss passieren«, ist seine Devise. Wer diesen Weg gehen möchte, sollte einfach weiterlesen.

Die Verschwörung im eigenen Kopf

So nutzen Sie die Single-Zeit

Wer Single ist, darf viel Zeit mit einem Menschen verbringen, den er wirklich liebt: mit sich selbst. Doch warum fällt es uns dann so schwer, uns selbst etwas Gutes zu tun? Während wir einen Partner nur zu gerne auch kulinarisch verwöhnen würden, stecken wir für uns allein lieber ein Fertiggericht in die Mikrowelle. Ein Grund hierfür mag sein, dass wir nie gelernt haben, auf unsere eigenen Bedürfnisse zu achten. Es hat sich also nicht nur die restliche Welt gegen die Singles verschworen, sondern wir selbst machen bei diesem Spielchen auch noch mit. Häufig müssen wir erst noch lernen, dass Glücklichsein nicht davon abhängt, ob wir eine Beziehung haben, sondern dass es auch noch andere Lebensinhalte gibt. Dieses Kapitel zeigt, wie Singles die Verschwörung im eigenen Kopf überwinden und sich auch ohne Partner als vollständiger Mensch fühlen können.

Mami, was hast du mir nur angetan: Sich von Denk- und Verhaltensmustern befreien

Warum trifft es gerade Frauen oft so hart, wenn sie niemanden haben? Und warum wollen sie um jeden Preis einen Partner haben, ganz nach dem Motto »Lieber eine schlechte Beziehung als gar keine«? Viele Frauen verbiegen und verstellen sich, nur um den Mann an ihrer Seite zu halten. Oder sie entscheiden sich für einen Partner, der zwar nicht ganz ihren Vorstellungen entspricht, »aber er wird sich schon noch ändern«. Sie gehen also lieber einen Kompromiss ein, anstatt zu warten, bis sie den wahren »Mr. Right« gefunden haben – und dieser Mr. Right ist nicht der Traumprinz auf dem weißen Pferd, sondern ein Mann, bei dem sie sich wohlfühlen und so sein können, wie sie nun einmal sind.

Hinter dem Wunsch, um jeden Preis eine Beziehung haben zu wollen, steckt zum einen die Angst vor all den Nachteilen des Single-Lebens, die in diesem Buch bereits angesprochen wurden. Zum anderen können aber auch anerzogene oder im Laufe des Lebens erworbene Verhaltens- und Denkmuster dahinter stecken, die uns selbst nicht einmal bewusst sind.

Das Glück kommt nicht von außen

Denken Sie nur einmal an Ihr letztes Bewerbungsgespräch: Kam darin auch die Frage vor, wo Sie sich in fünf Jahren sehen? Darauf sollten Sie eine gute Antwort parat haben, die Ihren Ehrgeiz und Ihren Willen, für diese bestimmte Firma zu arbeiten, zeigt. Viele Menschen neigen dazu, sich für Ihr ganzes Leben solche Fünf-Jahres-Pläne aufzustellen: »Mit 30 will ich auf der Karriereleiter ein gutes Stück nach oben gekommen sein, mit 32 heirate ich dann und spätestens mit 35 muss das erste Kind da sein.« Mit solchen Plänen setzen wir uns allerdings selbst ganz gehörig unter Druck. Was ist, wenn der 30. Geburtstag naht und wir im dritten Praktikum hintereinander feststecken? Und was sollen wir nur tun, wenn die biologische Uhr plötzlich zu ticken beginnt, doch weit und breit kein geeigneter Vater für unseren Nachwuchs in Sicht ist?

Es ist wichtig, sich im Leben Ziele zu setzen, damit wir unserem Tun und Handeln eine Richtung geben und uns nicht einfach so durchs Leben treiben lassen (obwohl das für eine gewisse Zeit auch ganz schön sein kann). Wer sich Ziele setzt, steigert außerdem seine Motivation, denn er weiß, warum er etwas tut. Allerdings sollten diese Ziele realistisch sein und erreicht werden können. Behalten Sie dabei zudem im Auge, dass sich Ziele ändern können – was Ihnen mit 20 wichtig erschien, kann mit 30 plötzlich unbedeutend werden. Und lassen Sie sich von Ihren Zielen nicht unter Druck setzen. Sie sollten zwar darauf hinarbeiten, doch sollten Sie nicht Ihr ganzes Lebensglück davon abhängig machen. Vielleicht müssen Sie auch einfach den zeitlichen Rahmen noch einmal überdenken? Dann sind Sie eben erst mit 32 glücklich verheiratet oder mit 33 oder mit 34 ...

Und kaum haben wir ein Ziel erreicht, steht schon das nächste vor der Tür. Wieder konzentrieren wir uns auf etwas, das irgendwo in der Zukunft liegt, und vergessen dabei, dass unser Leben in der Gegenwart stattfindet. Sind Sie mit Ihrer jetzigen Situation denn wirklich nur unzufrieden? Sicher gibt es da doch auch ein paar Glücksmomente, oder? Da wir aber so auf unser großes Ziel fixiert sind, nehmen wir diese oft nicht mehr wahr. Spüren Sie ihnen nach: Gut, Sie sind im Moment zwar Single, aber haben Sie nicht einen wunderbaren Freundeskreis und eine liebevolle Familie? Hat Sie nicht erst gestern Ihre Chefin vor versammelter Mannschaft für Ihre Arbeit gelobt? Haben Sie nicht letztes Wochenende einen Film gesehen, in den Sie völlig versunken sind?

Das Glück ist kein spezifisches Ereignis, das irgendwann in der Zukunft mit einem Paukenschlag daherkommt. Es ist vielmehr etwas, das einfach da ist. Experten haben hierfür den Begriff »Flow« geschaffen, der einen Zustand bezeichnet, der entsteht, wenn wir in einer Tätigkeit ganz und gar aufgehen. Das kann das Zusammensein mit einem Partner sein, doch auch bei vielen anderen Gelegenheiten können wir diesen »Flow« erleben. Bei einem netten Abend mit Freunden zum Beispiel, bei dem die Zeit wie im Fluge vergeht, bei der Vertiefung in ein Hobby, beim Sport oder beim Lesen eines guten Buches. Plötzlich sehen wir auf die Uhr und können gar nicht fassen, dass wir fast den ganzen Nachmittag gemalt, gegärtnert oder gelesen haben. Sogar bei der Arbeit können wir diesen »Flow« erleben, dann nämlich wenn wir einen Beruf gefunden haben, der unserem Wesen entspricht und in dem wir uns selbst verwirklichen können – auch wenn es nicht die überdurchschnittlich gut bezahlte Führungsposition ist.

Finde den »Flow«

Begeben Sie sich auf die Suche nach Ihrem »Flow«: Gibt es eine Tätigkeit, in der Sie ganz und gar aufgehen? Vielleicht auch etwas, das Sie schon immer einmal ausprobieren wollten? Verabschieden Sie sich von der alten Vorstellung, dass das Glück abhängig von bestimmten Zielen ist. Genießen Sie das Glück, das bereits in Ihrem Leben ist, statt sich auf das Glück zu konzentrieren, das irgendwann einmal kommt – oder auch nicht.

Das Vorbild »Mutter«

Die Frau, die unser Verständnis der weiblichen Rolle als Erste prägt, ist unsere Mutter. Und die erste Beziehung, in die wir Einblicke erhalten, ist die Beziehung unserer Eltern. Denken Sie zurück an Ihre eigene Mutter: War sie vielleicht die klassische Hausfrau, die sich ganz der Kindererziehung widmete und sich in ihrer Lebensplanung eher an den Wünschen Ihres Vaters orientierte? Oder war sie gleichberechtigte Partnerin, die ihren Teil zum Lebensunterhalt beisteuerte? Oder war sie alleinerziehend und hat selbst lange Zeit als Single gelebt, entweder glücklich oder voller Wut auf den abwesenden Vater und den Rest der Männerwelt? Vielleicht stammen Sie aber auch aus einer weniger glücklichen Familie und litten während Ihrer Kindheit unter Gewalt oder anderen unschönen Erlebnissen. Egal, welche Erfahrungen Sie in Ihrer Kindheit gemacht haben – diese sind nicht abgehakt, sobald Sie das 18. Lebensjahr vollendet haben oder von zu Hause ausgezogen sind. Unser Elternhaus und unsere Kindheit prägen uns viele Jahre lang, oft sogar ein ganzes Leben.

Diese Erfahrungen aus unserer Kindheit führen häufig zu bestimmten Beziehungs- und Verhaltensmustern. Vor allem Mädchen werden in unseren Breiten oft noch so erzogen, dass sie ihr Leben an einem anderen Menschen ausrichten – an ihrem Mann oder an ihren Kindern – und ihre eigenen Bedürfnisse zurückstellen. Es scheint zwar so, als würden Mädchen und Jungen, heute gleich erzogen (immerhin studieren heute genauso viele Mädchen wie Jungen und es ist selbstverständlich, dass Mädchen eine Berufsausbildung bekommen), doch werden an Frauen nach wie vor andere Erwartungen gestellt. Das sieht man zum Beispiel an der Diskussion über die Elternzeit beziehungsweise die Vätermonate, die im vollen Gange war, als dieses Buch entstand. Während es für Frauen ganz normal ist, zu Hause zu bleiben, wenn ein Baby geboren wird, gilt das bei Männern nach wie vor als etwas Exotisches. Aus irgendeinem Grund sind sie am Arbeitsplatz weniger entbehrlich als Frauen und Kommentare wie »Fürs Windelwechseln hat mein Sohn doch nicht studiert« sind leider immer noch an

der Tagesordnung. Während »Windelwechseln« für eine Frau, egal ob studiert oder unstudiert, eine durchaus angemessene, ihrer weiblichen Natur entsprechende Aufgabe zu sein scheint, sind Männer offensichtlich zu Höherem geboren.

Ein weiteres längst überholtes Schreckgespenst, das nach wie vor in den Köpfen der Menschen herumgeistert, ist das der »alte Jungfer« – eine, die keinen abbekommen hat und im Alter ihre Verwandten terrorisiert. Schließlich wissen wir ja: Für eine Frau von 35 Jahren ist es wahrscheinlicher, vom Blitz getroffen zu werden, als einen Mann zu finden. Und der 35. Geburtstag rückt unaufhaltsam näher ... Also doch Endstation alte Jungfer? Wenn wir näher darüber nachdenken, wissen wir genau, dass das Quatsch ist. In Zeiten, in denen fast jede zweite Ehe geschieden wird, gibt es einen stetigen Nachschub an Singles, die plötzlich wieder auf dem Markt sind. Aber trotzdem: Das Bild der alten Jungfer sitzt in unseren Hirnen fest.

Überlegen Sie einmal, welche Denk- und Verhaltensmuster Ihnen Ihre Mutter mitgegeben haben könnte. Hat sie vielleicht ihre eigenen Wünsche stets hinter die ihres Mannes und ihrer Kinder gestellt? Dann meinen vielleicht auch Sie, dass Sie ohne Mann nicht viel wert sind – oder Sie sind das genaue Gegenteil und wollen ganz bestimmt nie ein Leben wie Ihre Mutter führen. Pauschale Folgerungen wie »Bei einer solchen Mutter kommt eine solche Tochter heraus« gibt es leider nicht, denn dafür ist die menschliche Seele viel zu kompliziert. Doch dass uns unsere Mutter und die Beziehung unserer Eltern prägen, ist unbestritten.

Wichtig ist, dass Sie versuchen herauszufinden, welche Denk- und Verhaltensmuster Sie von zu Hause mitbekommen haben. Sind Ihre Wünsche und Lebensvorstellungen wirklich Ihre eigenen oder haben Sie sie einfach übernommen, ohne sie jemals in Frage zu stellen? Steckt hinter Ihrem Wunsch nach einer Partnerschaft vielleicht Ihre Mutter, die Sie endlich »versorgt« sehen will? Wer sich darüber klar wird, woher seine Denkmuster stammen, kann langsam lernen umzudenken und dadurch zu sich selbst finden.

Die Beziehungsinventur

So wie Sie Denk- und Verhaltensmuster, die Ihnen Ihre Eltern mitgegeben haben, überprüfen sollten, sollten Sie auch Ihre bisherigen Beziehungen einmal etwas genauer unter die Lupe nehmen. Warum sind diese gescheitert? Geraten Sie immer wieder an denselben Typ Mann, der nicht gut für Sie ist? Oder laufen Ihre Beziehung immer wieder nach einem ähnlichen Muster ab?

Vor allem Frauen lassen sich gerne in die Opferrolle drängen. Der böse Ex hat sie betrogen, für eine andere verlassen oder aus heiterem Himmel mit ihnen Schluss gemacht. Die Opferrolle ist sehr bequem, denn schuld sind dann immer die anderen. Der Kerl war eben ein Schwein, und deshalb ist die Beziehung gescheitert. Über die wahren Ursachen der Trennung oder gar eigene Fehler braucht das arme Opfer dann nicht nachzudenken. Beim nächsten Mal wird schon alles anders werden, vorausgesetzt man gerät nicht wieder an den Falschen. Was diese Frauen allerdings nicht bedenken: Zu einem Opfer wird man nicht einfach gemacht, sondern man lässt sich dazu machen – manchmal bewusst, manchmal auch unbewusst. Deshalb ist es wichtig, sich mit der gescheiterten Beziehung noch einmal gründlich auseinanderzusetzen und mit ihr abzuschließen, damit die nächste nicht wieder nach dem gleichen Muster abläuft. Dafür brauchen Sie Zeit – und die Single-Zeit ist genau die richtige Zeit dafür!

Frauen, die immer wieder an den gleichen Typ Mann geraten, möchten vielleicht auch unbewusst den Ex-Partner oder die erste große Liebe ersetzen. Das passiert unter anderem, wenn sie eine Beziehung nicht richtig verarbeitet haben. Sie versuchen dann, den verlorenen Partner durch einen möglichst ähn-

Die Suche nach Mustern
Überprüfen Sie Ihre Beziehungsmuster sorgfältig und hinterfragen Sie sie. Liefen Ihre bisherigen Beziehungen alle nach einem ähnlichen Muster ab? Und können Sie darin Parallelen zu Ihrem Elternhaus sehen?

lichen auszutauschen. Das ist durchaus nachvollziehbar, denn schließlich verkörpert ein bestimmter Typ Mann für diese Frauen eine Eigenschaft oder Lebensauffassung, die sie besonders anziehend finden. Andererseits wiederholen sich mit diesem Typ aber auch bestimmte Beziehungsmuster, die schon beim letzten Mal nicht funktioniert haben, und so ist die neue Beziehung oft schon von vornherein zum Scheitern verurteilt.

Die Ursachen für solche Beziehungsmuster sehen Psychologen in unserer Kindheit und in der Beziehung zu unseren Eltern. Bei der Partnerwahl spielen häufig Aspekte eine Rolle, die wir bereits von unseren Eltern kennen. Ein einfaches Beispiel: Eine Frau, die von ihren Eltern zu wenig Liebe bekommen hat, sucht sich später unter Umständen einen Partner, der ebenfalls nur wenig liebevoll ist – und das, obwohl sie sich geradezu nach Liebe sehnt. Doch dies ist das Beziehungsmuster, das sie von zu Hause mitbekommen hat und immer wieder unbewusst nachzuahmen versucht.

Will ich unbewusst vielleicht sogar Single sein?

Nicht immer ist ein Single ein Single, weil eine Beziehung gescheitert ist. Bei vielen Männern und Frauen kommt es gar nicht erst zu einer Beziehung. Sie lernen zwar viele Menschen kennen, haben vielleicht auch die eine oder andere Affäre, doch bevor daraus etwas Ernstes werden kann, ist es schon wieder vorbei. Die Liebe entpuppt sich als Strohfeuer, der vermeintliche »Mr. Right« war doch nicht der Richtige oder er zieht sich plötzlich zurück. Auch hier gilt es, die Ursachen dieses Beziehungsmusters oder besser gesagt Nicht-Beziehungsmusters zu ergründen. Haben Sie vielleicht Angst vor zu viel Nähe und weisen Sie daher potenzielle Partner zurück? Möchten Sie sich einem anderen Menschen nicht mit Haut und Haaren »ausliefern«, aus welchem Grund auch immer? Sind in der Beziehung Ihrer Eltern oder in Ihrer eigenen Beziehungsgeschichte vielleicht Dinge vorgefallen, die in Ihnen ein tiefes Misstrauen gegenüber Männern geweckt haben? Haben Sie Angst, enttäuscht und zurückgewiesen zu werden? Oder möchten Sie vielleicht einfach nicht Ihre Unabhängigkeit verlieren? Versuchen Sie herauszufinden, was hinter Ihrer scheinbaren Beziehungsunfähigkeit steckt. Erkennen Sie Regelmäßigkeiten und Muster? Was genau läuft schief? Und was können Sie dazu beitragen, damit es beim nächsten Mal nicht wieder in einer Trennung endet?

Single-Zeit ist Nachdenkzeit

Nutzen Sie Ihre Single-Zeit, um sich selbst etwas Gutes zu tun! Und dazu gehört auch, sich mit den Dingen auseinanderzusetzen, die in Ihrem Leben bisher nicht so gut gelaufen sind – wie zum Beispiel Ihre Beziehungs- und Denkmuster. Lassen Sie Ihr bisheriges Leben Revue passieren und versuchen Sie Verhaltensweisen auf die Spur zu kommen, die Ihre Beziehungen geprägt haben könnten. Folgende Fragen helfen Ihnen dabei:

- Wie schätzen Sie die Beziehung Ihrer Eltern ein?
- Wie war Ihre Beziehung zu Ihren Eltern? Haben Ihnen Ihre Eltern viel Wärme, Liebe und Stabilität gegeben? Oder war die Zuneigung der Eltern an bestimmte Bedingungen geknüpft (zum Beispiel gute Noten)?
- Haben Ihre Eltern bestimmte Erwartungen an Sie, denen Sie nun gerecht werden wollen?
- Verlieben Sie sich immer in denselben Typ Mann?
- Enden Ihre Beziehungen immer auf dieselbe Weise, zum Beispiel damit, dass Ihr Partner Sie betrügt?
- Lassen sich hinter den offensichtlichen Gründen für das Scheitern der Beziehung (zum Beispiel das Fremdgehen des Partners) noch andere Gründe erkennen?
- In welcher Weise hat vielleicht Ihr Verhalten zum Scheitern der Beziehung beigetragen?
- Was können Sie selbst tun, damit sich bestimmte Verhaltensmuster nicht wiederholen?

Wenn Sie sich gründlich mit Ihren Verhaltens- und Beziehungsmustern beschäftigen, werden Sie bald dahinter kommen, warum Sie wirklich Single

sind. Wichtig ist nun, dass Sie mit diesen Erkenntnissen konstruktiv umgehen. Versinken Sie nicht in Selbstmitleid und machen Sie sich keine Vorwürfe. Es nutzt nichts, verpassten Chancen nachzutrauern, und Gedanken wie »Ach, hätte ich damals nur das und das getan, dann wäre ich heute nicht allein. Wieso habe ich das nicht gesehen?« bringen Sie jetzt nicht mehr weiter, denn die Vergangenheit ist ein für alle Mal vorbei, und Sie können sie nicht mehr ändern. Nutzen Sie Ihre Einsichten lieber für die Zukunft. Machen Sie sich bewusst, welche Muster hinter Ihrem Verhalten stecken, dann werden Sie sie auch rechtzeitig erkennen, wenn sie sich das nächste Mal einschleichen.

Denk- und Verhaltensmuster ändern

Sie haben Ihre Single-Zeit genutzt und viel über Ihre bisherigen Beziehungen und die Gründe für deren Scheitern nachgedacht. Vielleicht haben Sie dabei erkannt, dass an allem nicht nur der »blöde Ex« schuld war, sondern dass auch Sie zum Scheitern der Beziehung beigetragen haben – egal, ob dies bewusst oder unbewusst geschah. Und was nun?

Nehmen wir einmal an, Sie haben sich eingestanden, dass Sie krankhaft eifersüchtig sind. Mit Ihren Versuchen, Ihren Partner zu kontrollieren und ganz für sich zu haben, schlagen Sie auch den nettesten und treuesten Mann in die Flucht, denn niemand lässt sich gerne einsperren. Vielleicht haben Sie auch herausgefunden, was die Gründe für Ihre Eifersucht sind: eine schlechte Erfahrung, ein Vater, der ständig fremdgegangen ist oder mangelndes Selbstbewusstsein. Allerdings nutzt Ihnen das nichts, wenn Sie einfach sagen: »Okay, beim nächsten Mann bin ich nicht mehr eifersüchtig.« Vor allem dann, wenn hinter einem solchen

Die beste Freundin hilft dabei

Gibt es in Ihrem Leben eine Freundin, die Sie sehr gut kennt und der Sie vertrauen? Wenn ja, reden Sie einmal mit ihr darüber, denn häufig erkennen andere solche Muster besser als wir. Und vielleicht hat sie auch einen guten Tipp für Sie parat?

Verhaltensmuster ein psychologisches Problem steckt, das über Jahre gewachsen ist, dauert es, bis Sie das Problem überwunden haben werden. Setzen Sie sich dabei aber nicht mit unrealistischen Zielen selbst unter Druck. Sie sind schon einen großen Schritt vorangekommen, wenn Sie erkennen, dass Sie in Beziehungen immer wieder einem negativen Verhaltensmuster folgen und sich eingestehen, dass Sie ein Problem haben.

Therapie – ja oder nein?

Einige Beziehungs- oder Verhaltensmuster lassen sich jedoch nicht so einfach abstellen, vor allem wenn es sich um tiefer gehende psychologische Probleme handelt. Unter Umständen kann Ihnen in einem solchen Fall eine Therapie helfen. Ihr Therapeut wird Sie dabei unterstützen, bestimmten Mustern in Ihrem Verhalten auf die Spur zu kommen, und Ihnen Wege aufzeigen, wie Sie Ihre Probleme anpacken können. Eines kann er jedoch nicht: Ihre Probleme für Sie lösen. Das müssen Sie schon selbst tun. Sie sehen: Mit der wöchentlichen Sitzung beim Therapeuten ist die Arbeit noch längst nicht getan.

Viele fürchten sich allerdings vor dem Stigma, das eine solche Therapie leider immer noch mit sich bringt, obwohl psychische Erkrankungen auf dem Vormarsch sind. Meine persönliche Meinung dazu: Wenn eine Therapie einem Menschen dabei hilft, dass es ihm besser geht, kann sie gar nicht schlecht sein. Bevor Sie Monate oder Jahre unter einer bestimmten Situation leiden, springen Sie doch einfach über Ihren Schatten und suchen Sie sich profesionelle Hilfe. Und wenn Sie nicht wollen, dass Ihre Umwelt etwas davon mitbekommt, brauchen Sie es ja niemandem zu erzählen.

Single-Zeit ist Zeit für das Innenleben
Die Single-Zeit ist die ideale Zeit, um sich mit Ihrem Innenleben auseinanderzusetzen – egal ob mit oder ohne Therapeuten. Hören und schauen Sie in sich hinein und schenken Sie einem Menschen Aufmerksamkeit, den Sie sonst oftmals sträflich vernachlässigen: sich selbst. Wetten, dass Sie dabei einen wunderbaren Menschen entdecken?

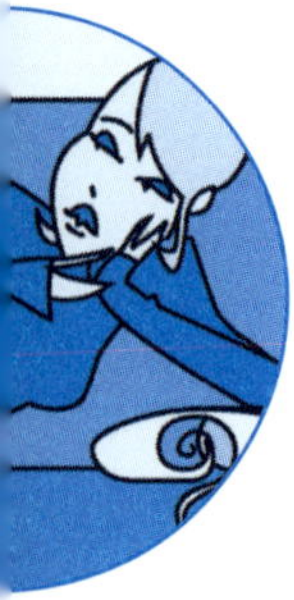

Eine spannende Entdeckungsreise:
Auf der Suche nach sich selbst

In einer Partnerschaft sind wir oft zu stark auf den Partner fixiert. Wir wollen von ihm geliebt werden und tun deshalb alles Mögliche und Unmögliche, damit das auch so bleibt. Nicht selten bleiben dabei unsere eigenen Wünsche auf der Strecke. Sind wir dann plötzlich Single, wissen wir oft gar nicht mehr, wer wir eigentlich sind. Doch nun bestimmen wir ganz und gar selbst, wie wir unser Leben verbringen wollen. Höchste Zeit also, um herauszufinden, wer wir eigentlich sind und was wir wollen.

Eine kleine Katastrophenübung

Stellen Sie sich vor, Sie spazieren über einen Rummelplatz. Kinder kreischen fröhlich im Karussell, aus der Geisterbahn dringen unheimliche Laute, die Ihnen das Blut in den Adern gefrieren lassen, und über alldem schwebt der verführerische Duft von Zuckerwatte und gebrannten Mandeln. Plötzlich zupft Sie ein altes Mütterlein am Ärmel und flüstert: »Mein Kind, willst du einen Blick in deine Zukunft werfen?« Fasziniert folgen Sie ihr in ein kleines Zelt, das zwischen den riesigen Fahrgeschäften fast unterzugehen droht. Drinnen ist es merkwürdig still, der Lärm des Rummels dringt kaum noch zu Ihnen. Im Dämmerlicht können Sie zwei Stühle und einen Tisch mit einer Kristallkugel erkennen. Die alte Frau bittet Sie, Platz zu nehmen und setzt sich ebenfalls an den Tisch. Sie gerät in Trance und versenkt sich in ihre Glaskugel. »Du wirst ein glückliches, erfülltes Leben haben«, prophezeit sie Ihnen. »Und meinen Traummann, was ist mit dem? Wann finde ich ihn endlich? Und wo?«, fragen Sie aufgeregt. »Einen Traummann bekommst du – aber erst in drei Jahren. Bis dahin wirst du weiter allein durchs Leben gehen.«, so die Antwort …

Sie müssen der Wahrsagerin natürlich nicht glauben, aber überlegen Sie einmal: Was würden Sie tun, wenn Sie sicher wüssten, dass Sie die nächsten drei Jahre allein verbringen werden? Würden Sie sich vom nächsten Kirchturm stürzen oder würden Sie versuchen, das Beste aus diesen drei Jahren zu machen? Und da das Ziel »einen Partner finden« nun für eine bestimmte Zeit wegfällt, hätten Sie plötzlich all die nötige Zeit, Kraft und Energie, um genau das zu tun, was Sie schon immer einmal tun wollten – und es richtig zu genießen. Sie könnten Spanisch lernen mit dem Ziel, später einmal beruflich ins Ausland zu gehen. Sie könnten viel Zeit zu Hause verbringen und fantastische Bilder malen oder den Roman schreiben, den Sie seit Jahren im Kopf haben. Sie könnten einer Theatergruppe beitreten, einen Lesezirkel gründen ... Die drei Jahre würden wie im Flug vergehen, und Sie würden vermutlich gar nicht mal alles schaffen, was Sie sich vorgenommen haben.

Warum aber sind viele Frauen nur dann dazu bereit, das Leben zu leben, das sie wirklich leben wollen, wenn sie sich nicht an einem Partner orientieren müssen? Wenn Sie dazugehören, kann ich Ihnen nur zurufen: Fangen Sie an Ihr Leben zu leben – jetzt und hier, denn es gibt so viel Spannendes zu entdecken!

Wer bin ich eigentlich? Die eigenen Wünsche herausfinden

Lange Zeit haben wir uns an einem Partner orientiert und dabei sind unsere eigenen Wünsche oft auf der Strecke geblieben. Nicht nur andere, sondern vor allem wir selbst haben uns als Teil eines Paares, als Teil von »Tina und Markus« wahrgenommen. Aber wer Tina eigentlich ist, haben wir schon fast vergessen. Nun ist es an der Zeit, Tina – Sarah, Katja, Stefanie oder wen auch immer – wiederzuentdecken. Wer bin ich, was ist mir in meinem Leben wichtig?

Denken Sie an Ihre letzte Beziehung zurück. Gab es Dinge, die Sie nur dem Partner zuliebe getan haben? Möglicherweise haben Sie mit einer bestimmten Sportart angefangen, um mehr Zeit mit ihm verbringen zu können. Und nach einer Weile hat es Ihnen sogar Spaß gemacht – so dachten Sie zumindest. Aber seien Sie ehrlich: Hatten Sie wirklich Spaß an diesem Sport oder eher daran, etwas zusammen mit Ihrem Ex zu unternehmen? Vielleicht sind Sie jetzt sogar ganz froh, das schöne Wetter in Ruhe auf dem Balkon genießen zu können, statt sich sofort auf den Sattel Ihres Mountainbikes schwingen zu müssen.

Die »Traum-Box«

Um sich bewusst zu machen, was Sie sich vom Leben wünschen, können Sie sich auch eine »Traum-Box« einrichten. Suchen Sie sich dazu eine Schachtel oder Dose, die Sie schön dekorieren oder mit buntem Geschenkpapier überziehen. Dann schreiben Sie Ihre Wünsche und Träume auf viele kleine Zettel und legen sie in die Schachtel. Nehmen Sie die Schachtel regelmäßig zur Hand und gehen Sie Ihre Träume und Wünsche durch. So machen Sie sich diese immer wieder bewusst.

Gab es vielleicht auch Bereiche, die Sie vernachlässigt haben, weil Sie Ihre Zeit lieber mit dem Partner verbracht haben? Haben Sie sich während Ihrer Beziehung hin und wieder einmal bei Gedanken wie »Ich würde so gerne wieder einmal reiten gehen?« oder »Wenn ich nur mal wieder Zeit hätte, in Ruhe ein gutes Buch zu lesen« ertappt? Genau diese Zeit haben Sie jetzt! Nicole Kidman hat nach ihrer Trennung von Tom Cruise gesagt: »Endlich kann ich wieder hohe Absätze tragen.« Wo sind Ihre hohen Absätze?

Auf der Suche nach den eigenen Wünschen und nach dem eigenen Ich können Ihnen die folgenden Fragen helfen:

- Was mag ich an mir, was gefällt mir weniger?
- Was macht mich glücklich, was weniger?
- Welche Dinge sind mir in meinem Leben wichtig, welche weniger?
- Was macht mir Spaß, nach welchen Aktivitäten fühle ich mich gut?
- Welche Eigenschaften erwarte ich von einem zukünftigen Partner, welche finde ich dagegen absolut unerträglich?
- Was möchte ich über mein Leben sagen können, wenn ich im hohen Alter von 80 Jahren gemütlich in meinem Schaukelstuhl sitze und zurückblicke?

Wer Interessen hat, ist interessant

Vielleicht gehören Sie zu den Menschen, die ihre Single-Zeit nutzen, um sich Dingen zu widmen, die bisher immer zu kurz gekommen sind. Und egal, ob es sich dabei um Kräutersammeln, Tennisspielen oder die englische Literatur des 19. Jahrhunderts handelt – diese Begeisterung wirkt auf andere ansteckend. Das bedeutet allerdings nicht, dass Sie nun zum Missionar werden und Ihre Mitmenschen mit stundenlangen Monologen über Jane Austen »unterhalten« sollen. Es heißt lediglich, dass Ihr Umfeld merkt, dass Sie in einer Sache voll und ganz aufgehen können und einige außergewöhnliche Interessen haben. Sie wirken so auf jeden Fall interessanter als jemand mit den Standard-Hobbys: »Kino, lesen und joggen.« Das tun viele,

aber einen echten Bärlauch in freier Natur können nur wenige erkennen. Und wer mit ganzer Leidenschaft bei einer Sache ist, legt nahe, dass er auch in anderen Bereichen sehr leidenschaftlich sein kann. Sie wissen schon, wo das jetzt hinführt ...

In die Stille horchen

Wer ohne Gesellschaft zu Hause sitzt und nicht gelernt hat, mit sich allein zu sein, empfindet die Stille, die so eine leere Wohnung mit sich bringt, als unerträglich. Gerade das Fehlen jeglicher Geräusche macht uns die Abwesenheit eines Partners schmerzhaft bewusst. Weil wir damit nicht umgehen können, lassen wir den ganzen Tag das Radio oder den Fernseher laufen oder hängen stundenlang am Telefon. Mit anderen Worten: Wir unterhalten uns lieber – sehr einseitig wohlgemerkt – mit Madonna, Günther Jauch oder einer Freundin, als mit uns selbst. Eigentlich schade, denn die Stille ist eine wunderbare Möglichkeit, um in einen Dialog mit sich selbst zu treten. Dabei kommen zugegebenermaßen vielleicht auch Dinge ans Tageslicht, die wir nicht so gerne hören wollen, doch sollten wir zumindest darüber nachdenken.

Eine gute Möglichkeit, um in Dialog mit sich selbst zu treten ist die Meditation. Wer noch nie etwas mit Meditation zu tun hatte, wird wahrscheinlich ein Bild von Menschen in wallenden Gewändern vor sich haben, die ein monotones »Om« vor sich hin summen. Wir aber machen das ganz anders: Suchen Sie sich einen Ort, an dem Sie sich wohlfühlen und an dem Sie möglichst wenig Ablenkung von außen erfahren. Schalten Sie alle Störquellen ab und den Anrufbeantworter ein. Setzen Sie sich dann in einer bequemen Haltung hin, auf den Fußboden, auf ein Kissen oder auch auf einen Stuhl – wichtig ist, dass Sie aufrecht sitzen. Dann versuchen Sie, ganz ruhig zu werden. Atmen Sie langsam in den Bauch und horchen Sie dem Atem hinterher. Atmen Sie anschließend genauso langsam wieder aus. Je nachdem, wie hektisch Ihr Leben ist, werden Sie möglicherweise nur schwer abschalten können, und der eine oder andere Gedanke wird Ihnen noch

durch den Kopf gehen. Beißen Sie sich nicht daran fest, sondern lassen Sie ihn einfach an sich vorüberziehen. Gelingt Ihnen das, wird der Alltag für einige Minuten völlig von Ihnen abfallen. Wollen Sie wieder zurückkehren, atmen Sie ein paar Mal tief durch, strecken sich und kommen wieder im Hier und Jetzt an. Durch die Meditation merken Sie, dass Stille ganz und gar nichts Schlimmes ist, sondern dass Sie durch sie neue Kraft und Energie schöpfen können.

Sie können Ihrer Meditation auch ein bestimmtes Thema zugrunde legen, über das Sie dann nachdenken. Begeben Sie sich auf eine Reise zu einem bestimmten Ort, zum Beispiel an den Ort, an dem Sie gerne leben möchten. Haben Sie einen bestimmten Ort vor Augen, einen, an dem Sie schon einmal waren? Oder haben Sie ein kleines Häuschen vor Augen, von dem Sie nicht wissen, wo es eigentlich steht? Wie sieht das Häuschen aus, wie ist es eingerichtet? Gibt es einen Garten? Und wie sieht er aus – sorgfältig gepflegt oder eher wie ein Dschungel? Was tun Sie in dem Häuschen? Wer lebt dort außer Ihnen? Welche Gefühle haben Sie, wenn Sie an diesem Ort sind? Geben Sie für eine Weile die Kontrolle ab und lassen Sie Ihre Gedanken schweifen. Durch solche geistigen Reisen können Sie eine Menge über sich erfahren und herausfinden, was Sie sich vom Leben wünschen. Das bedeutet jedoch nicht, dass Sie den Rest Ihres Lebens nun auf dieses Häuschen hinarbeiten müssen, von dem Sie noch nicht einmal wissen, ob es so überhaupt existiert, geschweige denn, wie Sie es finden können. Es soll Ihnen nur helfen, Ihrer Persönlichkeit und Ihren Wünschen auf die Spur zu kommen.

Ähnlich verhält es sich mit Ihrem »Traummann«. Natürlich sollten Sie wissen, was Sie von einem Partner

Was wirklich zählt

Bei dieser Fantasiereise geht es darum, herauszufinden, welche Menschen Ihnen gut tun – und damit hat weder die Haarfarbe noch die Größe noch das Alter etwas zu tun. Ich kenne eine Frau, die nach dem ersten Treffen über den fraglichen Mann gesagt hat: »Der ganz bestimmt nicht.« Und heute ist sie mit ihm verheiratet. Schränken Sie sich also nicht ein, indem Sie ungebührlich viel Wert auf Äußerlichkeiten legen!

und einer Beziehung erwarten und womit Sie sich auf keinen Fall arrangieren können. Doch machen Sie nicht den Fehler, sich allzu genau festzulegen, nach dem Motto: »Maximal 35 Jahre alt; zwischen 1,85 m und 1,90 m groß; schlank; braune Haare (nicht zu wenig und nicht zu kurz); braune Augen; von Beruf möglichst etwas Kreatives, aber auch kein armer Schlucker; muss chinesisches Essen mögen und reiselustig sein; soll sich nicht für Fußball interessieren, dafür aber fantastisch im Bett sein; Kinder soll er auch mögen, aber keine Hunde und so weiter und so fort«. Einen solchen Mann gibt es nicht oder, wie meine Mutter zu sagen pflegt, »der muss erst noch gebacken werden«. Und so verbringen Sie den Rest Ihres Lebens damit, einem Traumbild hinterherzujagen, während Sie viele wirklich tolle Männer links liegen lassen.

Ein Glückstagebuch führen

Im vorangegangenen Kapitel haben wir gesehen, dass sich das Glück nicht unbedingt dann einstellt, wenn wir ein bestimmtes Lebensziel erreicht haben. Vielmehr besteht das Glück oft aus vielen kleinen glücklichen Momenten. »Unmöglich – ich bin doch ein armer, kleiner Single. Ich bin erst wieder glücklich, wenn ich einen Partner habe«, mögen Sie jetzt empört aufschreien. Und ich will auch gar nicht bestreiten, dass uns eine Partnerschaft wirklich sehr glücklich machen kann. Doch darüber hinaus gibt es noch mehr, mit Sicherheit auch in Ihrem Leben!

Machen Sie doch einfach die Probe aufs Exempel und führen Sie ein Glückstagebuch. Beginnen Sie am besten noch heute damit: Lassen Sie den Tag einmal Revue passieren und überlegen Sie, wann Sie sich heute glücklich gefühlt haben. Zum Beispiel, als der Kellner im Café Sie so nett angelächelt hat, als Sie auf dem Weg ins Büro an einem Park mit einem wunderschönen Blumenbeet vorbeigekommen sind oder als Sie das Projekt in der Arbeit endlich abgeschlossen hatten. Irgendeinen positiven Moment werden Sie heute doch erlebt haben, oder? Halten Sie diese Augenblicke fest und tun Sie dies von nun an jeden Abend. Und wenn Sie sich wieder einmal schlecht fühlen, von einer »Das Leben ist Mist«-Stimmung überkommen werden, dann nehmen Sie Ihr Glückstagebuch zur Hand und rufen sich ins Gedächtnis, dass nicht alles immer nur schlecht ist, sondern dass es auch viel schönere Momente im Leben gibt.

Außerdem hilft Ihnen dieses Tagebuch dabei, etwas über sich selbst zu erfahren. Gehen Sie Ihre Glücksmomente noch einmal durch: Können Sie ein bestimmtes Muster feststellen? Fühlen Sie sich zum Beispiel immer dann gut, wenn Sie anderen Menschen helfen? Oder wenn Sie Zeit in der Natur verbringen? Oder sich so richtig in lauter Musik verlieren? Dann überlegen Sie, wie Sie mehr von diesen Glücksmomenten in Ihr Leben bringen können – oder Ihr Leben so ändern können, dass Sie darin so glücklich wie möglich sind.

My home is my castle

Als Single werden Sie wahrscheinlich wieder mehr Zeit zu Hause, in Ihrem Zuhause, verbringen – und Sie werden in der Regel allein zu Hause sein. Wer mit einem Partner zusammenlebt, muss bei der Wohnungseinrichtung Kompromisse eingehen, denn schließlich soll die Wohnung beiden gefallen. Vielleicht war Ihr Partner ein eher nüchterner Mensch, der die Wohnung klar und strukturiert halten wollte, Sie dagegen haben ein Faible für Kerzen, Kissen und allerlei andere nutzlose, aber schöne Dinge. Dann habe ich eine gute Nachricht für Sie: Eine Single-Frau kann sich ihre Wohnung so einrichten, wie sie will. Tun Sie es also auch.

Eine Wohlfühl-Oase schaffen
Richten Sie Ihre Wohnung so ein, dass Sie sich dort gerne aufhalten. Eine leere Wohnung kann gewöhnungsbedürftig sein, wenn man lange Zeit mit jemandem zusammengelebt hat. Machen Sie es sich also ein wenig gemütlich, so dass Sie gerne nach Hause kommen und sich auf Ihr Refugium freuen.

Waren Sie auch schon einmal in einer Wohnung, die nichts, aber auch gar nichts über ihre Bewohner verriet? Kein einziges unnützes Ding stand herum, an den Wänden

hingen nur klassische Monet-Seerosen und die Bücher befanden sich alphabetisch sortiert in Billy-Regalen? Eine solche Wohnung kann durchaus etwas über die Persönlichkeit ihres Besitzers aussagen – an erster Stelle, dass er vielleicht gar keine hat! Vielleicht sind Sie aber auch schon einmal in eine Wohnung gekommen und hatten sofort das Gefühl, die ganze Lebensgeschichte ihrer Bewohner zu kennen. An den Wänden hingen schön gerahmte Fotos aus dem letzten Urlaub, auf dem Tisch lagen einige Bücher, die scheinbar gleichzeitig gelesen wurden, und zahlreiche Mitbringsel aus aller Welt standen auf Tischen und Regalen herum. Eine Wohnung drückt immer auch die Persönlichkeit ihres Bewohners aus: Welches sind seine Lieblingsfarben? Ist er eher chaotisch oder ein Ordnungsfanatiker? Welche Dinge sind ihm wichtig?

Richten auch Sie Ihre Wohnung so ein, dass Sie Ihrer Persönlichkeit gerecht wird. Verbannen Sie Überbleibsel Ihres Ex und ersetzen Sie sie durch etwas Eigenes. Hängen Sie Bilder auf, die eine Bedeutung für Sie haben, und umgeben Sie sich mit Dingen, die Ihnen ein gutes Gefühl geben. Richten Sie sich zum Beispiel eine gemütliche Leseecke ein, mit einem bequemen Sessel, einer Kuscheldecke, ansprechender Beleuchtung und natürlich vielen, vielen Büchern. Oder eine Kuschelecke, in die Sie sich zurückziehen können, wenn Sie einmal nicht so gut drauf sind. Dekorieren Sie sie mit Gegenständen, die Sie trösten und Sie daran erinnern, dass es bald auch wieder bessere Zeiten in Ihrem Leben geben wird. Dazu können Souvenirs aus dem letzten Urlaub wie Muscheln, Steine oder ähnliches gehören sowie Fotos von lieben Freunden und Verwandten. Dann noch ein paar gemütliche Kissen, Duftkerzen oder Teelichter und Ihr Lieblingskuscheltier.

Eine Wohnung, in der Sie sich wohl fühlen, bildet die richtige Kulisse, um auf die spannende Entdeckungsreise zu sich selbst zu gehen. Hier finden Sie die nötige Ruhe und Entspannung, um den Blick nach innen richten zu können. Wer es in den eigenen vier Wänden nicht aushält, ist oft auch auf der Flucht vor sich selbst – sorgen Sie stattdessen lieber für ein Ambiente, das einen Zufluchtsort für Sie darstellt und in dem Sie alleine sein können.

Eigentlich bin ich doch gar nicht so schlimm:
Sich selbst lieben lernen

Gerade nach einer Trennung, die uns ungewollt zum Single gemacht hat, ist unser Selbstwertgefühl erst einmal am Boden. Das ist auch durchaus verständlich, denn wir empfinden die Trennung vor allem als Zurückweisung der eigenen Person: Der Partner will uns plötzlich nicht mehr, also sind wir offensichtlich nicht besonders liebenswert. Vielleicht geben wir uns auch die Schuld an der Trennung: Wir haben wohl etwas falsch gemacht und sind damit unfähig, eine Beziehung zu führen, ein Versager auf ganzer Linie. Kein Wundern, dass wir Single sind! Wir haben es schließlich nicht besser verdient!

Jeder normale Mensch zweifelt ab und zu an sich, erst recht, wenn er gerade von seinem Partner verlassen wurde. Es ist allerdings wichtig, dass Sie Ihr Selbstwertgefühl langsam wieder aufbauen und lernen, sich selbst zu lieben. Ihre Beziehung mit Ihnen selbst ist schließlich die längste Beziehung Ihres Lebens, also sollten Sie sich auch mögen. Und außerdem: Wie wollen Sie von einem anderen Menschen verlangen, dass er Sie liebt, wenn nicht einmal Sie selbst sich für liebenswert halten?

Keiner liebt mich! – Wirklich nicht?

Freitagabend und schon wieder sitzen Sie allein zu Hause. Alle Freundinnen sind glücklich in den Armen ihres jeweiligen Liebsten, und niemand hat Zeit für Sie. In der Arbeit lief auch wieder einmal alles schief, und nicht einmal Ihre Mutter geht ans Telefon. Und schwuppdiwupp sitzen Sie heulend auf der Couch und schluchzen vor sich hin: »Keiner liebt mich! Ich bin ganz allein auf dieser schrecklichen Welt!«

In solche schwarzen Löcher fällt jeder Single ab und zu (siehe Seite 56ff.). Und ein wenig in Selbstmitleid zu baden sei Ihnen durchaus gestattet –

solange Sie aus dieser Badewanne auch wieder heraussteigen. Machen Sie sich einmal die Bedeutung des Satzes »Keiner liebt mich« klar: Natürlich schwingt darin eine Anklage gegen die ganze Welt mit, aber wie geht der Gedanke weiter? Denken Sie: »Keiner liebt mich! Warum sind die nur alle so blöd und erkennen nicht, was ich für ein toller Mensch bin?« Oder: »Keiner liebt mich! Offensichtlich bin ich so wertlos, dass man mich gar nicht lieben kann.«? So oder so, im Grunde sagt dieser Satz, dass Sie sich selbst nicht lieben. Aber dafür gibt es überhaupt keinen Grund! Und um sich das zu beweisen, nehmen Sie jetzt ein Blatt Papier zur Hand und notieren zehn Dinge, die Sie an sich selbst liebenswert finden und die Ihnen an sich gefallen. Das kann zum Beispiel sein:

- Ich habe schöne Augen.
- Ich kann gut zuhören.
- Ich kenne mich mit Computern aus.
- Ich bin hilfsbereit.
- Ich kann hervorragende Mousse au Chocolat machen.
- Und so weiter.

Diese Liste nehmen Sie von nun an jeden Abend zur Hand und ergänzen Sie um fünf weitere Punkte, und zwar 14 Tage lang. Vorher lesen Sie sich das bereits Geschriebene noch einmal durch – zum einen, um sich nicht zu wiederholen, zum anderen aber auch, um Ihre liebenswerten Eigenschaften zu verinnerlichen. Dabei ist es völlig egal, ob andere diese Dinge an Ihnen ebenfalls lieben oder ob nur Sie allein diese toll finden.

Trübe Gedanken verboten

Verbannen Sie den Satz »Keiner liebt mich« ganz schnell aus Ihrem Sprachschatz – sind Sie denn etwa niemand? Sie lieben sich, die anderen brauchen eben nur etwas länger, bis sie auf den Geschmack kommen!

Tun Sie sich etwas Gutes

Sie kommen völlig frustriert aus dem Büro nach Hause, weil wieder einmal alles schief gelaufen ist und Ihr Partner nimmt Sie in den Arm und tröstet Sie … Oder Sie haben eine wichtige Prüfung bestanden, ein Projekt zum Abschluss gebracht oder sind befördert worden – und bekommen von Ihrem Partner eine Belohnung. Das war einmal! Und jetzt? Jetzt tut Ihnen niemand mehr etwas Gutes, nur Sie selbst. »Das ist doch nicht dasselbe!«, mögen Sie jetzt empört rufen, aber das behaupte ich ja auch gar nicht. Trotzdem: Bevor sich niemand um Ihr Wohlergehen kümmert, nehmen Sie die Sache lieber selbst in die Hand.

Wenn Sie also frustriert sind, sitzen Sie nicht wie ein Häufchen Elend auf dem Sofa herum. Nehmen Sie stattdessen zum Beispiel ein entspannendes Bad. Schaffen Sie eine angenehme Atmosphäre, zünden Sie Kerzen an, trinken Sie genüsslich einen Kaffee oder meinetwegen auch ein Glas Sekt und genießen Sie die wohlige Wärme. Schweben Sie im Wasser und fühlen Sie die Leichtigkeit auf Ihre Stimmung übergehen. Waschen Sie all den Frust und all die Sorgen einfach ab, zumindest für eine bestimmte Zeit. Dies können Sie sich ruhig auch bildlich vorstellen: Ihre schlechte Stimmung und all die negativen Gedanken werden durch die Kraft des Wassers einfach von Ihnen genommen. Und wenn Sie dann den Stöpsel aus der Badewanne ziehen, verschwinden sie mit einem lauten Gluckern im Abfluss.

Für Erfolge und erreichte Ziele können Sie sich ebenfalls selbst belohnen, wodurch Sie gleichzeitig Ihre Motivation erhöhen. Versprechen Sie sich zum Beispiel: »Wenn die Prüfung vorbei ist und ich sie bestanden habe, gönne ich mir ein Wellness-Wochenende.« Oder: »Wenn ich dieses Projekt erfolgreich zum Abschluss gebracht habe, kaufe ich mir diese Handtasche, die ich neulich in der Stadt gesehen habe.« Feiern Sie Ihre Erfolge oder andere Meilensteine in Ihrem Leben mit Ihren Freunden. Normalerweise feiern wir nur Geburtstage, Verlobungen, Hochzeiten oder Einweihungspartys, doch es gibt noch viele andere Anlässe, um eine rauschende Party zu schmeißen. Sie haben einen neuen Job gefunden? Mit Freunden freut man sich gleich noch viel mehr! Sie haben ein neues Auto gekauft? Warum weihen Sie es nicht mit einer Spritztour mit Freunden und anschließendem Picknick ein? Oder Sie haben endlich Ihr Wunschgewicht erreicht –

auch dies lässt sich feiern, und zwar ohne dabei die Kalorien zu zählen! Bei solchen spontanen oder länger geplanten Feiern können Sie nicht nur Ihre Freude mit jemandem teilen, Sie festigen damit auch Ihre Freundschaften. Wer will, kann auch »Singles-only«-Partys feiern. Organisieren Sie zum Beispiel einmal im Vierteljahr ein Event speziell für sich und Ihre Single-Freunde und -Freundinnen. Einen Abend in Ihrer Lieblingsbar, ein festliches Diner in einem edlen Restaurant oder ein Picknick im Grünen. Wetten, dass die Paare in Ihrem Freundeskreis bald neidisch auf diese tollen Aktivitäten sein werden? Und Sie selbst werden sich viel weniger allein fühlen und haben außerdem noch richtig Spaß!

Tun Sie sich ab und zu selbst einmal etwas Gutes: Ob ein Stück Schokoladentorte, ein Wochenendtrip nach Mailand zum Shoppen, eine entspannende Massage oder das Paar sündhaft teure Schuhe, das Sie so todchic finden – Sie haben es sich ganz bestimmt verdient.

Weil Sie es sich wert sind ...

Neulich habe ich in einer Frauenzeitschrift einen Artikel über die Ernährungssünden der Singles gelesen. Ganz oben auf der Liste stand wieder einmal, dass Singles nur zu gerne Fertiggerichte kaufen und diese dann in die Mikrowelle stecken. Geht schnell, ist aber nicht wirklich gesund, denn Fertiggerichte enthalten oft zu viel Fett und nur wenige nützliche Nährstoffe. Noch dazu werden diese Fertiggerichte dann auch nicht am schön gedeckten Tisch, sondern vor dem Fernseher verzehrt.

Du bist, was du isst
Egal, wo für Sie sich entscheiden: Auf jeden Fall sollten Sie sich eine gute Ernährung wert sein. Denn wenn Sie sich nicht um sich kümmern, wer soll es dann tun?

Erkennen Sie sich wieder? Meist fällt es uns viel leichter, für Freunde oder den Partner eine leckere Mahlzeit auf den Tisch zu zaubern als für uns selbst. »Ach, für mich allein lohnt sich der ganze Aufwand doch gar nicht«, haben wir dann häufig als Ausrede parat. Doch warum sind Ihnen andere Menschen ein gutes und gesundes Essen wert, Sie sich aber nicht? Sie sollten zu sich selbst genauso nett sein wie zu allen anderen Menschen. Sorgen Sie für Ihren Körper, indem Sie ihm (und Ihrer Seele) Mahlzeiten zuführen, die ihn nicht nur ernähren, sondern ihm auch schmecken. Und dazu brauchen Sie nach einem anstrengenden Arbeitstag noch nicht einmal den Kochlöffel zu schwingen: Kochen Sie einfach am Wochenende oder in Ihrem Urlaub vor! Die meisten Rezepte in Kochbüchern sind sowieso auf vier Portionen ausgelegt und die restlichen drei frieren Sie einfach ein – später müssen Sie sie dann zwar auch in die Mikrowelle stecken, aber wenigstens ist Ihr Essen dann gesund und selbst gekocht. Und glauben Sie mir: Ihr Körper wird es Ihnen danken!

Aber nicht nur was Sie essen, sondern auch wo Sie es zu sich nehmen, ist wichtig. Schlingen Sie Ihre Mahlzeiten nicht vor dem Fernseher oder vor dem Computer hinunter, sondern versuchen Sie sie bewusst zu genießen. Beim Essen sollten Sie nur essen und sonst gar nichts. Schaffen Sie sich dazu auch ein ansprechendes Ambiente. Wenn auf dem Küchentisch tausenderlei Dinge herumstehen und Sie sich erst mühsam einen Platz für Ihren Teller freischaufeln müssen, können Sie sich nicht wohlfühlen. Decken Sie stattdessen den Tisch richtig, legen Sie eine Serviette dazu und zünden Sie vielleicht sogar eine Kerze an. An einen schön gedeckten Tisch setzt man sich gleich viel lieber und empfindet eine Mahlzeit nicht mehr nur als notwendiges Übel.

Trotz allem will natürlich niemand bestreiten, dass Essen in Gesellschaft mehr Spaß macht, vom Kochen ganz zu schweigen. Warum also tun Sie sich nicht einmal pro Woche, zum Beispiel am Sonntagabend, mit Freunden zusammen und kochen gemeinsam? Treffen Sie sich jedes Mal bei jemand anderem und legen Sie vorher fest, was Sie kochen und wer welche Zutaten besorgt. Beim gemeinsamen Schnippeln können Sie sich gegenseitig Ihre Wochenerlebnisse erzählen und dann den Abend mit einer gemeinsamen Mahlzeit ausklingen lassen.

Sich selbst schön finden

Wenn wir heute eine Zeitschrift aufschlagen oder den Fernseher anschalten, sehen wir sofort mindestens 100 Frauen, die schöner sind als wir. Und schon fällt uns auf, was an uns alles nicht stimmt: Wir sind 10 cm zu kurz für unser Gewicht, unser Busen ist zu klein oder zu schlaff, die Nase schief und der Po zu dick. Scheinbar täglich lässt sich die Schönheitsindustrie neue Problemzonen einfallen, die dummerweise alle an unserem Körper zu finden sind. Leider machen wir aber auch immer den Fehler, uns mit Models oder Schauspielerinnen zu vergleichen, anstatt mit der Verkäuferin im Supermarkt oder der Frau, die uns in der Straßenbahn gegenübersitzt. Wir sehen Heidi Klum und denken »Wieso kann ich nicht so eine Figur

haben?«, aber wir denken nicht »Mann, habe ich eine tolle Figur!«, wenn wir die füllige Nachbarin sehen.

Unsere eigene Schönheit nehmen wir oft gar nicht wahr. Überlegen Sie einmal: Gibt es nicht doch etwas, das Ihnen an sich selbst gefällt? Denken Sie an Ihre Verflossenen zurück. Welche Komplimente haben sie Ihnen gemacht? Hat einer Ihrer Ex-Partner gesagt, Sie hätten schöne Haare oder schöne Hände? Vielleicht steckt da ja doch ein Fünkchen Wahrheit drin! Und das Beste ist: Selbst wenn der treulose Kerl schon längst über alle Berge ist, Ihre Hände, Ihre Haare, Ihre Augen haben Sie immer noch – und sie sind immer noch schön.

Kein Mensch ist perfekt. Selbst Laufstegschönheiten haben immer noch etwas an sich auszusetzen. Und wenn Sie Heidi Klum um ihre Schönheit beneiden, sollten Sie sich klar machen, dass es ihr Job ist, so schön wie möglich zu sein. Dafür wird sie bezahlt. Sie dagegen werden dafür bezahlt, dass Sie Steuererklärungen bearbeiten. Oder kranke Menschen pflegen. Oder Teenager in Mathe unterrichten. Und Sie sind auch schön – für sich selbst und für alle Menschen, von denen Sie geliebt werden. Sie haben vielleicht nicht die perfekte Nase, dafür aber tolle Locken. Ihre Oberschenkel könnten schmaler sein, aber Ihre Augen leuchten. Ist das nichts?

Sich für sich selbst schön machen

Gehören Sie auch zu den Menschen, die in ihre alten Jogginghosen schlüpfen, sobald sie ihre eigenen vier Wände betreten? Ich gestehe, ich bin so jemand. Kaum bin ich durch die Türe gekommen, reiße ich mir mein ordentliches und modisches Outfit vom Leibe und schlüpfe in meine heiß geliebte Jogginghose und ein altes Sweatshirt. Außer Haus würde ich so allerdings nie gehen. Wenn mich jemand so sähe – um Himmels willen!

Gehe ich unter Menschen, kann ich schon einmal stundenlang nach dem richtigen Outfit suchen und eine halbe (manchmal auch eine ganze) Ewig-

keit im Bad verbringen. Bin ich dagegen allein, sind meist Gammelklamotten angesagt – von Frisur und Make-up ganz zu schweigen. Dass man sich dann aber nicht besonders attraktiv findet und einen beim Blick in den Spiegel oft das kalte Grausen überkommt, darüber sollte man sich eigentlich nicht wundern.

Wer sich schön finden will, sollte sich ab und zu auch einmal schön machen – für sich selbst genauso wie für andere. Mit »schön machen« meine ich jedoch nicht unbedingt sich von oben bis unten durchzustylen und aufzubrezeln, als nähme man an einer Misswahl teil. Ziehen Sie etwas an, in dem Sie sich attraktiv finden: Ob das nun ein Cocktailkleid mit dazu passenden High Heels oder eine Jeans und Ihr Lieblingstop sind, ist egal. Wichtig ist nur, dass Sie sich darin schön fühlen.

Spielen Sie mit Ihren Haaren und Ihrem Make-up: Was gefällt Ihnen und was sieht weniger gut aus? Seien Sie ruhig ein bisschen eitel und posieren Sie vor dem Spiegel. Vielleicht finden Sie sich ja so umwerfend, dass Sie diesen Augenblick für immer festhalten wollen? Dann rufen Sie jetzt Ihre beste Freundin an und bitten sie, vorbeizukommen, so dass Sie ein Foto von Ihnen machen kann. Oder machen Sie selbst eins, wenn Ihre Kamera einen Selbstauslöser hat.

Dieses Foto lassen Sie dann vergrößern, rahmen und hängen es irgendwo gut sichtbar in Ihrer Wohnung auf. Wenn Sie dann in Zukunft einen »Ich bin so hässlich«-Moment haben, schauen Sie es sich an. Na, haben Sie etwa schon vergessen, wie umwerfend Sie aussehen können? Dann bitte, hier haben Sie es doch vor sich – groß und in Farbe! Denken Sie immer dran: Wenn Sie selbst sich nicht schön finden, wer soll es denn dann tun?

Der perfekte Look
Das Spielen mit Klamotten, Frisur und Make-up hat übrigens noch einen weiteren Vorteil: Sie haben nun nämlich den perfekten Look für den Ernstfall – sprich das nächste Date mit dem potenziellen Traumprinzen – parat.

Bereit für die Liebe sein

All diese Dinge können uns helfen, uns selbst zu lieben und uns klar zu machen, dass auch wir ein Mensch sind, der unsere volle Aufmerksamkeit verdient und dem wir ab und zu etwas Gutes tun sollten. Konzentrieren Sie nicht Ihre ganze Aufmerksamkeit auf den einen, der vielleicht irgendwo da draußen auf Sie wartet, sondern richten Sie sie auf das, was Sie im Moment haben: sich selbst. Machen Sie den Schritt von »Ich will jemanden, den ich lieben kann« hin zu »Ich bin jemand, den man lieben kann.« Denn nur wer sich selbst liebt und sich für liebenswert hält, kann auch zulassen, dass er von anderen geliebt wird.

Selbst ist die Frau:
Selbstständigkeit entwickeln

In einer Partnerschaft übernimmt jeder Partner bestimmte Aufgaben. Vielleicht haben Sie ein glückliches Händchen mit Geld und haben sich deshalb in Ihrer letzten Beziehung um die Haushaltskasse gekümmert. Dafür sind Sie eine miserable Köchin, Ihr Ex dagegen ein Meister mit dem Kochlöffel. Nach der Trennung fehlt Ihnen beiden etwas: Sie müssen wieder auf die Mikrowelle zurückgreifen, und Ihr Ex ist ständig in den roten Zahlen. Das Auto oder Reparaturen im Haushalt sind auch so eine Sache. Irgendwie gibt der Motor ein komisches Geräusch von sich. Doch deswegen gleich in die Werkstatt? Die lachen doch nur, wenn es sich dann als etwas völlig Harmloses herausstellt! Und da ist auch noch das neue DSL-Modem, das Sie sich besorgt haben. Wer schließt das jetzt an? Meine geschiedene Mutter strahlte mich neulich über das ganze Gesicht an, als ich in einem Nebensatz erwähnte, dass ich ein Regal mittels Dübeln und Bohrmaschine an der Wand befestigt hatte. »Du kannst mit einer Bohrmaschine umgehen? Warum hast du mir das nie erzählt?« Und schon wusste ich, dass es mir am nächsten Wochenende bestimmt nicht langweilig werden würde!

Aber das kann ich doch nicht!

Wollen Sie ein neues Programm auf Ihrem Computer installieren? Müssen Ihre Reifen gewechselt werden? Sie verstehen Ihre Steuererklärung nicht? Und Sie sind ganz allein! »Hilfe, ich kann das nicht«, heißt es jetzt oft, weil wir einfach keine Lust haben, uns mit bestimmten Dingen auseinanderzusetzen. Das hat doch bisher immer der Partner gemacht! Und jetzt sollen wir uns diese Arbeit auch noch aufhalsen? Oft fühlen wir uns allein einfach hilflos und drücken uns vor manchen Dingen, weil sie uns zu schwer erscheinen. Doch die meisten Dinge kann man lernen (siehe nächster Abschnitt). Und wenn Sie sich arm, klein und nutzlos fühlen, dann hilft folgender Trick:

Setzen Sie sich an Ihren Schreibtisch und nehmen Sie ein Blatt Papier zur Hand. Darauf notieren Sie jetzt alles, was Sie diese Woche erreicht haben, und zwar allein. Zum Beispiel:

- Ich habe meine Steuererklärung gemacht.
- Ich habe den Ölstand meines Autos gemessen und Öl nachgefüllt.
- Ich habe meinen MP3-Player mit neuer Musik befüllt.
- Ich habe den neuen Tisch für meinen Balkon zusammengebaut.
- Ich habe den Keller aufgeräumt.

Selbst ist die Frau
Verlassen Sie sich nicht immer auf andere, sondern nehmen Sie die Dinge ganz einfach selbst in die Hand. Das spart oft auch bares Geld, denn ein Handwerker ist auch nicht gerade billig. Und hinterher können Sie sagen: »Dieses Regal habe ich ganz allein zusammengebaut!«

Diese Liste nehmen Sie immer dann zur Hand, wenn Sie etwas erledigt haben, das Sie schon lange vor sich hergeschoben haben – weil es Ihnen zu viel oder zu anstrengend war oder weil Sie der Meinung waren, Sie könnten es nicht. Mit der Zeit wird diese Liste länger und länger und Sie merken, was Sie doch für eine tolle Frau sind!

Was man nicht kann, kann man lernen!

Wie bereits gesagt: Die meisten Dinge lassen sich ganz einfach lernen. In Kochbüchern steht genau, wie man gewisse Gerichte zubereitet, dem DSL-Modem liegt eine Gebrauchsanweisung bei und der ADAC beziehungsweise die Volkshochschulen bieten Pannenkurse an (oft auch speziell für Frauen). Das heißt nicht, dass Sie von nun an jede freie Sekunde unter Ihrem Auto verbringen müssen, aber Sie verstehen Ihr Auto und das, was in seinem Inneren abläuft, besser und haben so eine gute Grundlage, wenn Sie wieder einmal mit Ihrem Automechaniker verhandeln müssen. Falls Sie also merken, dass Sie irgendwo Defizite haben und Sie dies gewaltig auf die Palme bringt, dann werden Sie aktiv und tun Sie etwas, um das zu ändern.

Schaffen Sie sich ein Netzwerk

Nur weil Sie Single sind, müssen Sie nicht gleich zu Superwoman mutieren. Niemand verlangt von Ihnen, dass Sie ein Ass mit dem Kochlöffel sind, sich perfekt im Steuerrecht auskennen und Ihr Auto selbst reparieren können, aber Sie sollten wissen, wer Ihnen im Notfall helfen kann.

Sprechen Sie mit den Menschen in Ihrer Umgebung und schaffen Sie sich ein Netzwerk. Sehen Sie einen Jungen, der in seiner Freizeit ständig an seinem Motorrad herumbastelt? Dann fragen Sie ihn, ob er vielleicht auch Ihre Fahrradkette reparieren kann. Brauchen Sie jemanden, der auf Ihren Hund aufpasst, während Sie am Wochenende nicht da sind? Fragen Sie die Teenie-Tochter Ihrer Kollegin, vielleicht will sie sich ja ein paar Euro dazuverdienen. Zögern Sie auch nicht, Ihre Nachbarn anzusprechen. »Kennen Sie vielleicht einen Steuerberater, den Sie mir empfehlen können?«, »Ihre neue Frisur ist ja hübsch, zu welchem Friseur gehen Sie denn?«, »Kennen Sie zufällig jemanden, der eine Tennispartnerin sucht?« Oft halten wir viel zu viel Distanz zu unseren Nachbarn, weil wir nicht aufdringlich erscheinen wollen oder Angst haben, dass wir sie dann nicht mehr loswerden. Dabei

vergeben wir uns überhaupt nichts, wenn wir die Menschen in unserem Umfeld ab und zu um Rat fragen, vor allem wenn wir irgendwo neu sind. Mehr als »Nein« sagen können sie schließlich nicht, und es ist gut, jemanden zu haben, der uns bei den kleinen Problemen des Alltags gegebenenfalls unter die Arme greifen kann.

Keine Angst vor neuen Aufgaben!

Haben Sie Mut zur Selbstständigkeit! Es kann zwar lästig sein, wenn man sich um alles selbst kümmern muss, aber wie heißt es so schön: Der Mensch wächst an seinen Aufgaben! Scheuen Sie also nicht davor zurück, sich mit etwas Neuem auseinanderzusetzen, sondern ergreifen Sie die Gelegenheit beim Schopf. Und vergessen Sie nicht, hinterher stolz auf sich zu sein und sich für die gemeisterte Aufgabe zu belohnen. Übrigens: Ihre Single-Freundinnen freuen sich, wenn Sie sie von Ihren neu erworbenen Kenntnissen und Fertigkeiten profitieren lassen!

Mein schnurrender Psychiater:
Haustiere als Seelentröster

Single mit Katze – das alte Klischee. Auch ich habe eine Zeit lang zu dieser Kategorie gehört. Aber mal abgesehen davon, dass ich Katzen einfach mag, hat so ein Haustier (es kann auch ein Hund, ein Kaninchen oder ein Papagei sein) tatsächlich eine ganze Menge Annehmlichkeiten zu bieten – für alle Menschen, vor allem aber für Singles.

Die Katze ist unser liebstes Haustier, rund 7,3 Millionen Stubentiger leben in Deutschland. Wie viele davon einen Single ihr Frauchen oder Herrchen nennen, ist nicht bekannt, aber vermutlich sind es nicht wenige. Eine Katze ist unabhängiger als ein Hund, man muss nicht mit ihr Gassi gehen, und man kann sie ohne Probleme mal ein Wochenende allein lassen, solange

sie von Nachbarn mit Futter versorgt wird. Für einen Single ist eine Samtpfote also die ideale Gefährtin.

Gib dem Stress keine Chance!

Ob Katze, Hund oder Hamster: Haustiere helfen gegen Stress und Depressionen. Wer einen Hund hat, muss mit diesem regelmäßig vor die Tür. Hundebesitzer bekommen also automatisch Bewegung und frische Luft. Und renne ich mal wieder hektisch in meiner Wohnung umher, weil ich 100 Sachen gleichzeitig erledigen will, so weist mich mein Kater Felix dezent darauf hin, dass dieses Verhalten nicht gut für mich ist. Er drängt

mich subtil aber bestimmt zu seinem Lieblingssessel und platziert sich dann für mindestens 20 Minuten laut schnurrend auf meinem Schoß. Fehlt nur noch, dass er mir eine Tasse Tee kocht und miaut: »Mach doch mal Pause!« Und auch wenn ich noch so schlecht drauf bin, sein zufriedenes Schnurren zaubert immer wieder ein Lächeln auf mein Gesicht.

Tiefschürfende Gespräche

Überhaupt weiß Felix eine ganze Menge über mich. Er bekommt als Erster zu hören, über wen ich mich geärgert und ob ich gerade beim Bäcker einen gut aussehenden Typen gesehen habe. Stehen schwierige Entscheidungen an, muss er sich jedes Pro und Contra anhören – und wird dann natürlich als Erster über das Ergebnis informiert. Felix ist ein sehr geduldiger Zuhörer (na ja, meistens schläft er nach circa 20 Minuten selig ein) und erfüllt schon fast die Funktion eines Tagebuchs. Während ich ihm erzähle, was mich bewegt, ordne ich meine Gedanken und weiß dann oft von selbst, was zu tun ist oder wie ich mich entscheiden soll. Und das Beste ist: Er hört wirklich einfach nur zu und gibt mir keine dummen Ratschläge: »Also, ich an deiner Stelle würde bla, bla, bla ...«

Wenn ich aus der Arbeit nach Hause komme, wartet keine leere Wohnung auf mich, sondern eine Katze, die schon in freudiger Erwartung hinter der Tür sitzt und mir sofort erzählt, was er den ganzen lieben langen Tag so gemacht hat. Bilde ich mir zumindest ein, doch vermutlich heißt es eher: »Kommst du jetzt auch endlich? Ich bin schon halb verhungert. Und heute Abend bleiben wir aber zu Hause, verstanden?« Aber da ich nun einmal nicht kätzisch spreche, glaube ich ganz fest, dass er sagt: »Ach, ist das schön, dass du wieder

Dem Stubentiger sei dank
Dank unseres Haustiers bleiben wir sozusagen liebesfähig und geraten nicht aus der Übung, nur weil wir gerade keinen Partner haben. Wenn wir unsere Liebe einem vierbeinigen Lebensgefährten schenken, bleibt unser Herz offen, und jemand anderes kann dort jederzeit einziehen – der muss dann allerdings mit einer eifersüchtigen Katze fertig werden.

da bist, ich habe dich so vermisst.« Auf jeden Fall gehe ich gern zu Felix nach Hause, lasse ihn dann aber auch ganz gerne wieder allein.

Lieben und geliebt werden

Wer ein Haustier hat – vorausgesetzt es ist kein Goldfisch, der bekanntlich nur ein Gedächtnis von drei Sekunden hat –, bekommt außerdem etwas, an dem es gerade Singles oft mangelt: bedingungslose Liebe und Vertrauen. Ich wundere mich oft, dass Felix nach einem Tierarztbesuch so gar nicht beleidigt ist, sondern sofort wieder schnurrend auf meinem Schoß liegt. Er ist offensichtlich der Meinung, ich würde ihm nie etwas Böses tun und dankt es mir mit ausgedehnten Schmusestunden. Und nicht nur unser Haustier liebt uns bedingungslos, sondern auch wir haben jemanden, an dem unser Herz hängt (den Tag, an dem Felix meinen neuen Pulli zwischen die Krallen bekam, vergesse ich jetzt lieber).

Anbandeln mit Katz & Co.

Außerdem sind Haustiere eine hervorragende Flirthilfe. Wer schon einmal einen Hund in einem belebten Park Gassi geführt hat, weiß, wovon ich rede. Einen netten Hund wohlgemerkt, keinen zähnefletschenden Bullterrier oder irgendetwas, das in eine Handtasche passt. Aber auch andere Tiere können der Romantik auf die Sprünge helfen. Beim Tierarzt zum Beispiel habe ich schon viele nette Gespräche mit Männern geführt, die genauso um ihren vierbeinigen Liebling besorgt waren wie ich. Man kann ganz unverfänglich einen Blick in den Korb des Gegenübers werfen und hat sofort einen perfekten Gesprächsaufhänger: »Ach, das ist ja eine hübsche Katze / Schildkröte / Boa constrictor. Was fehlt ihr denn?« Schon sind Sie mitten drin im Gespräch mit dem Flirtpartner Ihrer Wahl – und auch die Wartezeiten beim Tierarzt können sehr lang sein …

Heute hier, morgen dort:
Die Unabhängigkeit genießen

Schon oft war in diesem Buch die Rede davon, dass Sie als Single Ihre Unabhängigkeit genießen können und sich nicht nach einem Partner richten müssen. Nutzen Sie dies also auch. Haben Sie beispielsweise in der Zeitung eine Stellenanzeige gesehen, in der ein fantastischer Job angeboten wird – aber leider in Hamburg und nicht in München? Dann können Sie diese Gelegenheit nun beim Schopf ergreifen. Wenn Sie den Job bekommen, können Sie in einer spannenden Stadt Ihr Glück neu versuchen und müssen dafür keinen Kompromiss in Form einer Fernbeziehung eingehen.

Endlich frei!

Als Single sind Sie so frei, wie Sie selten in Ihrem Leben waren. Sie müssen sich nach niemandem richten, können Ihr Leben selbst in die Hand nehmen und tun und lassen, was Sie wollen, ohne jemandem darüber Rechenschaft ablegen zu müssen. Sie können experimentieren, und zwar in jeder Hinsicht: Sie können Ihre Wände heute sonnengelb und morgen wieder weiß streichen, wenn es Ihnen doch nicht gefällt. Sie können abends mit Ihren Freundinnen ausgehen und nach Hause kommen, wann Sie wollen – oder auch gar nicht. Und Sie können sich an einem freien Wochenende einfach ins Auto setzen und drauflos fahren. Ziel: unbekannt.

Freiheit ist wichtig für unsere persönliche Entwicklung, denn so können wir am besten herausfinden, wer wir sind und wie wir unser Leben leben wollen. Und als Single gibt es niemanden, der uns mit Worten wie »Das geht aber nicht«, »Eigentlich solltest du aber ...« oder schlicht »Nein« zurückhält. Wir können einfach loslegen und eine Zeit lang so leben, wie wir wollen und dabei eine Menge über uns lernen. Der Philosoph Arthur Schopenhauer hat einmal gesagt: »Nur wenn man allein ist, ist man frei.« Nutzen Sie also Ihre Freiheit!

Flirten

Ein Bereich, in dem wir unsere Unabhängigkeit ganz hervorragend genießen können, ist das Flirten. Vielleicht glauben Sie, ein wenig aus der Übung zu sein, weil Sie gerade eine langjährige Beziehung hinter sich haben. Dann werden Sie bald merken, dass man Flirten ähnlich wie Radfahren oder Schwimmen nie verlernt. Wagen Sie also den Sprung ins kalte Wasser, denn Gelegenheiten zum Flirten gibt es überall: morgens beim Bäcker, im Waschsalon, am Arbeitsplatz und natürlich abends beim Weggehen. Wer sich im Flirten übt, probt sozusagen für den Ernstfall – der genau dann eintritt, wenn Ihnen ein wirklich umwerfender Mann begegnet. Und Sie testen gleichzeitig Ihren Marktwert: So gut kommen Sie beim anderen Geschlecht an!

Vielleicht meinen Sie aber auch, Sie seien nicht besonders gut im Flirten? Seien Sie beruhigt: Es kommt nicht auf witzige Sprüche oder Komplimente an, manchmal reicht es schon, gut zuhören zu können und ab und zu eine Zwischenfrage zu stellen. Viele Männer halten oft stundenlange Monologe, wenn man das Gespräch geschickt auf ihr Lieblingsthema lenkt – und bilden sich dann ein, sich glänzend unterhalten zu haben. Nutzen Sie dies. Solange Sie sich interessiert zeigen und nicht anfangen zu gähnen, haben Sie schon fast gewonnen.

Achten Sie beim Flirten allerdings auf die Signale, die Ihr Gegenüber aussendet. Flirtet er nicht zurück, dann geben Sie auf. Sein Verhalten muss nicht unbedingt etwas mit Ihnen zu tun haben, vielleicht hat er einfach nur Ärger im Job oder ist aus anderen Gründen nicht in Stimmung. Trösten Sie sich: Er weiß

Ein Flirt kann Wunder wirken
Vielleicht sind Sie gerade auf dem Weg nach Hause, nach einem stressigen Tag in der Arbeit. Sie haben den Bus verpasst, am Geldautomaten festgestellt, dass Sie wieder einmal pleite sind und zu allem Überfluss auch noch Kaffee auf Ihre Lieblingsbluse geschüttet. Doch dann steht beim Bäcker plötzlich dieser Mann, hält Ihnen die Tür auf und fragt lächelnd: »Na, wie geht's?« Und schon fühlen Sie sich schlagartig viel besser!

nicht, was ihm entgeht. Und noch etwas: Beim Flirt bestimmt allein die Frau die Regeln. Sie, und nur Sie entscheiden, ob aus dem unverbindlichen Flirt mehr wird oder ob Sie dem Mann beim Abschied nicht doch lieber eine falsche oder gar keine Telefonnummer geben. Sie können diese kleine Liebelei jederzeit beenden, und kein Mann darf mehr erwarten, nur weil er gerade ein wenig mit Ihnen geflirtet hat. Genießen Sie diese Unverbindlichkeit und bleiben Sie am Ball!

Ab und zu einmal ein Date

Und vielleicht wird aus einem unverbindlichen Flirt ja doch einmal mehr, und Sie haben nach Wochen, Monaten oder Jahren des Single-Daseins wieder ein Date. Eines werden Sie sofort feststellen, egal, ob Ihr letztes Date nun zwei Monate oder zwei Jahre her ist: Nervös sind Sie immer. Wo sollen Sie sich treffen? Sollen Sie ins Kino gehen? Wenn ja, in welchen Film? Und vor allem, was sollen Sie nur anziehen? Obwohl Ihr Kleiderschrank überquillt, haben Sie nichts Passendes – das uralte Dilemma einer jeden Frau. Also schnell ab in die Stadt zum Shoppen ... Doch damit nicht genug. Haben Sie den großen Abend erst einmal hinter sich gebracht, geht es von Neuem los: Hat ihm der Abend genauso gut gefallen wie Ihnen? Waren Sie auch interessant und attraktiv genug? Wann ruft er endlich an? Frauen, die sonst ein Heer von Angestellten dirigieren und problemlos schwierigste Verträge aushandeln, zucken plötzlich bei jedem Klingeln des Telefons zusammen und sind in »seiner« Gegenwart kaum mehr fähig, einen zusammenhängenden Satz zu formulieren.

Bei einem Date lernen Sie eine ganze Menge über sich selbst, zum Beispiel dass Sie im Privatleben vielleicht lange nicht so selbstsicher sind wie im Job. Und Sie lernen auch, was Sie sich von einem Mann wünschen und was nicht. Hat er zum Beispiel sein Handy während des Dates nicht abgeschaltet und nimmt einen Anruf nach dem anderen an? Dann können Sie schon jetzt sagen, dass Sie bei diesem Typ immer die zweite Geige spielen werden. Geizt er beim Trinkgeld, obwohl das Essen hervorragend war und er nicht gerade arm wie eine Kirchenmaus ist? Dann ist er vielleicht auch in anderen Lebensbereichen wenig großzügig.

Hier soll nun kein Dating-Ratgeber folgen, der Ihnen genau sagt, wie die perfekte Verabredung aussieht und wer wen nach vielen Tagen anruft – zu diesem Thema gibt es bereits genügend Bücher. Eines sollten Sie aber beherzigen: Haben Sie das Gefühl, dass Sie sich bei einem Date mit einem Mann verstellen müssen? Dass Sie nicht so sein können, wie Sie eigentlich sind? Dann überlegen Sie gut, ob Sie mit diesem Mann noch mehr Zeit verbringen wollen. Bei einem Date sollten Sie sich gut fühlen und nicht die ganze Zeit eine Rolle spielen müssen. Das hat der Mann nicht verdient, dem Sie damit etwas vormachen, und das haben erst recht Sie nicht verdient. Sie sollten um Ihrer selbst gemocht und geliebt werden und nicht, weil Sie eine bestimmte Rolle hervorragend spielen können.

Achtung, jetzt komme ich:
Auf der Karriereüberholspur

Wenn man jetzt böse sein wollte, könnte man sagen, dass ein Partner eine Karrierebremse ist. Schließlich wollen wir abends gerne pünktlich nach Hause kommen, damit wir noch etwas von ihm haben. Dasselbe gilt für das Wochenende, denn da wollen wir lieber etwas zu zweit unternehmen, als auf Fortbildung zu gehen. Wenn wir jeden Abend bis um 21.00 Uhr im Büro sitzen, beschleicht uns außerdem das Misstrauen: Was macht er jetzt? Amüsiert er sich vielleicht mit einer anderen? Und wenn wir gerade frisch verliebt sind und nur noch den Partner im Kopf haben, können wir uns auf unsere Arbeit sowieso nicht richtig konzentrieren und machen am Ende noch einen bösen Fehler. Allerdings wird niemand, der gerade frisch verliebt ist oder in einer glücklichen Beziehung lebt, dies so empfinden. Ein erfülltes Privatleben ist den meisten Menschen nun einmal wichtiger als die Karriere, und das ist auch gut so.

Neue Herausforderungen annehmen

Aber wenn Sie gerade kein erfülltes Privatleben haben – aus welchem Grund auch immer –, warum investieren Sie diese überschüssige Zeit und Energie dann nicht in Ihre Karriere? Und wenn Sie dann einen Schritt auf der Karriereleiter nach oben geklettert sind, dann schalten Sie einen Gang zurück und konzentrieren sich wieder mehr auf Ihr Privatleben.

Besuchen Sie also Weiterbildungskurse, zum Beispiel am Abend nach der Arbeit oder am Wochenende. Neue Herausforderungen sind gut für das Selbstbewusstsein, und vielleicht merken Sie ja auch, dass es Ihnen Spaß macht, wieder etwas Neues zu lernen und sich mit neuen Dingen auseinanderzusetzen. Außerdem knüpfen Sie bei Fortbildungen jede Menge Kontakte, die Ihnen später vielleicht nutzen können.

In der Firma steht ein neues Projekt an, das zwar viel Zeit und Arbeit kostet, Sie aber ein ganzes Stück voranbringen kann? Dann zögern Sie nicht, es anzunehmen. Wenn Sie wissen, dass das Projekt zeitlich begrenzt ist, können Sie Ihre ganze Energie dafür einsetzen. Es brechen später ja wieder bessere Zeiten an.

Die Balance halten

Auf zu neuen Ufern
Vielleicht denken Sie aber auch schon seit Längerem über einen Arbeitsplatzwechsel nach, haben bis jetzt aber immer noch gezögert. Vertiefen Sie sich in die Jobsuche, schreiben Sie Bewerbungen und überlegen Sie, ob Sie für einen tollen Job eventuell auch in eine andere Stadt ziehen würden. Jetzt sind Sie unabhängig, jetzt ist alles möglich!

Achten Sie allerdings darauf, dass Ihre Karriere nicht zum alleinigen Lebenssinn wird und Sie alles andere, zum Beispiel Ihre Freunde und Familie, darüber vernachlässigen. Werden Sie nicht zum Workaholic, dafür ist das Leben – auch als Single – einfach zu schön. Damit Sie nicht in einen »Arbeitsrausch« verfallen, empfiehlt es sich, die Zeit, die Sie in

Ihre Karriere investieren wollen, von Vornherein zu beschränken. Sagen Sie: »Gut, ich besuche jetzt diesen Kurs, der mich beruflich voranbringt und für den ich im nächsten halben Jahr meine Wochenenden opfern muss. Danach mache ich dann aber wieder etwas, das meiner Seele gut tut, und gönne mir wieder mehr Freizeit.« Haben Sie ein wichtiges und zeitintensives Projekt zu einem erfolgreichen Abschluss gebracht, so übernehmen Sie nicht sofort danach das nächste, sondern geben Sie sich Zeit, um wieder richtig durchzuatmen und darüber nachzudenken, ob das neue Projekt wirklich so wichtig ist oder ob nun Ihr Privatleben wieder mehr im Mittelpunkt stehen sollte.

Lasst mich doch alle in Ruhe:
Das Alleinsein genießen

Wie bereits erwähnt, haben viele Singles Angst vor dem Alleinsein, zum Beispiel am Wochenende oder im Urlaub. Plötzlich ist es still um sie herum, sie haben nichts zu tun, und ihnen fällt die Decke auf den Kopf. Beinahe panisch suchen sie nach einer Beschäftigung, rufen Menschen an, mit denen sie seit Jahren nicht gesprochen haben oder wandern ziellos durch die Straßen, nur um nicht allein zu Hause sein zu müssen. In solchen Augenblicken wird ihnen dann schmerzhaft bewusst, dass sie sich ganz schön einsam fühlen.

Wie Sie Einsamkeit bekämpfen können, haben Sie bereits an anderer Stelle erfahren (siehe Seite 39ff.). Nun sind Sie vielleicht schon einen Schritt weiter, denn allein sein muss nicht einsam sein bedeuten. Ganz im Gegenteil: Die Menschen brauchen sogar regelmäßig Zeit für sich allein, um ihre Persönlichkeit voll entfalten zu können. Wenn Sie dieses Buch bis jetzt aufmerksam gelesen haben, haben Sie vermutlich begonnen, über sich selbst nachzudenken und herauszufinden, wer Sie eigentlich sind und was Sie von Ihrem Leben wollen. Sie beschäftigen sich mit sich selbst, und dabei kön-

nen Sie keinen anderen Menschen um sich herum brauchen. Für Selbsterkenntnis und ein damit verbundenes seelisches Wachstum sind Ruhe und Alleinsein nötig. Für Kreativität übrigens auch. Ich hätte dieses Buch nicht schreiben können, wenn ständig jemand um mich herumgewuselt wäre. Und wer weiß, vielleicht entsteht ja auch während Ihrer Zeit des Rückzugs ein kreatives Werk? Ein Roman, eine Kurzgeschichte, eine Collage, ein Gemälde – in welche Richtung lenkt Ihre Kreativität Sie denn? Lassen Sie sich treiben und genießen Sie, dass Sie dabei von niemandem gestört werden. So können Sie eine ganze Menge neue Impulse für Ihr Leben gewinnen – und finden das Alleinsein bald gar nicht mehr so schlimm.

Allerdings fällt uns dieses Alleinsein wesentlich leichter, wenn wir uns freiwillig dafür entscheiden und wissen, dass wir uns jederzeit an Familie oder Freunde wenden können. Nur ein bewusster Rückzug von der Außenwelt gibt uns die Chance, nach innen zu blicken und uns selbst zu erforschen. Erzwungenes Alleinsein dagegen kann einsam machen – doch was Sie dagegen tun können, wissen Sie ja jetzt. Und ein kleiner Gedanke zum Trost: Eine Forsa-Umfrage hat ergeben, dass sich 16 Prozent der Frauen zwischen 20 und 60 auch in einer Partnerschaft einsam fühlen – ist das nicht noch viel schlimmer?

25 tolle Gründe, Single zu sein

Zu guter Letzt: Hier finden SIe noch einmal 25 Gründe, warum Sie sich darüber freuen sollten, Single zu sein. Kurz, knapp und auf einen Blick – damit Sie schnell nachschlagen können, wenn Sie einmal ins Zweifeln geraten.

1. Im Kühlschrank ist genug Platz für gesunde Lebensmittel wie Joghurt, weil kein Sixpack Bier untergebracht werden muss.
2. Niemand fragt, wie viel das neue Paar Schuhe gekostet hat.
3. Wenn plötzlich Robbie Williams vor der Tür steht und uns ein unmoralisches Angebot macht, können wir ohne schlechtes Gewissen ja sagen.
4. Wir müssen uns nicht schämen, weil wir immer noch nicht wissen, was eine Abseitsfalle ist.
5. Wir können ein Poster von Brad Pitt ins Schlafzimmer hängen, ohne dass sich jemand beschwert.
6. Wenn eine Glühbirne kaputt ist, wechseln wir sie selbst und warten nicht, bis »ich mal dazukomme.«
7. Wir können in Ruhe mit zehn verschiedenen Outfits in der Umkleidekabine verschwinden, ohne dass jemand alle fünf Minuten genervt auf die Uhr schaut.
8. Wenn wir den Weg nicht finden, dann fragen wir eben.
9. Wenn der Kühlschrank kaputt ist, rufen wir einen Techniker an und basteln nicht selbst dran rum.
10. Niemand beschwert sich, weil wir eine Stunde mit der besten Freundin telefonieren, obwohl wir uns heute ja eh noch sehen.
11. Im Waschbecken liegen keine Bartstoppeln.
12. Ein Einkaufsbummel bedeutet nicht, zwei Stunden im Heimwerkermarkt nach dem perfekten Schraubenschlüssel zu suchen.
13. Wenn wir einen Mann mit knackigem Hintern entdecken, können wir ihm nachschauen, ohne dass sich jemand beschwert.
14. Wenn wir eine Frau mit praller Oberweite sehen, müssen wir uns keine Sorgen machen, dass er sie auch schon entdeckt hat.

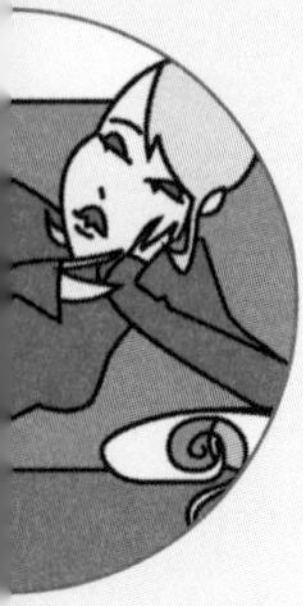

15. In unserer Wohnung sieht es aus wie bei Hempels unterm Sofa – wen stört's?
16. Wir müssen nie mehr *Star Wars* im Kino anschauen, sondern können Filme mit George Clooney oder Orlando Bloom sehen.
17. Wenn wir mit unseren Freundinnen unterwegs sind, können wir nach Hause kommen, wann wir wollen – oder auch gar nicht.
18. Wir können zu Hause guten Gewissens im Schlabberlook herumlaufen.
19. Wir müssen nicht mehr ein Vermögen für sündhaft teure Unterwäsche ausgeben.
20. Wir müssen unsere Urlaubspläne mit niemandem abstimmen – außer mit unserem Chef.
21. Wir müssen uns nicht jeden Tag die Beine rasieren, zumindest im Winter.
22. Wir können nicht nur eine beste Freundin haben, sondern auch einen besten Freund.
23. Wir können ungeniert mit dem netten Kellner im Café flirten.
24. Unsere Katze darf sich im Bett an uns kuscheln, ohne dass jemand eifersüchtig wird.
25. Niemand versucht uns davon zu überzeugen, dass Paris Hilton wirklich eine tolle Schauspielerin und Sängerin ist.

Ausblick:

Der glückliche Single

Wenn Sie sich bis zu diesem Kapitel durchgekämpft haben, werden Sie hoffentlich nicht mehr bestreiten, dass man tatsächlich auch als Single ein glückliches Leben führen kann. Vielleicht haben Sie sich an der einen oder anderen Stelle wiedererkannt und gedacht: »Ja, genauso ist es!« Und vielleicht haben Sie auch hin und wieder einen Denkanstoß bekommen und Ihre eigene Einstellung zu Ihrem Single-Dasein überdacht. Wie Sie Ihr Leben leben sollen, kann ich Ihnen nicht sagen (ich weiß ja oft nicht mal, wie ich meines leben soll), aber vergessen Sie nicht: Es ist noch niemand daran gestorben, dass er Single ist. Viele Menschen führen allerdings ein unglückliches Leben, weil sie ihre Zeit darauf verschwenden, Dingen nachzutrauern, die sie nicht haben, anstatt zu genießen, was sie haben.

Dass das nicht so sein muss, haben Sie auf den letzten 142 Seiten gesehen. Aber können auch Sie ein glücklicher Single sein? Dann stimmen Sie den folgenden Aussagen zu – mit einem deutlichen »Ja!«.

- Ich brauche keine Beziehung nur um der Beziehung willen.
- Ich kann mich jederzeit auf eine Partnerschaft einlassen, brauche aber keinen Partner, um mich als vollständiger Mensch zu fühlen.
- Ich kann gut mit mir selbst leben – denn nur wer gut mit sich selbst leben kann, kann auch gut mit anderen leben.

Übrigens: Der glückliche Single muss kein Dauerzustand sein. Es geht dabei lediglich darum, aus der gegenwärtigen Situation das Beste zu machen und sich wohlzufühlen. Vielleicht ja tritt schon morgen Mr. Right in Ihr Leben – und bis dahin lassen Sie es sich richtig gut gehen!

Der Text dieses Buches entspricht den Regeln der neuen deutschen Rechtschreibung.

Sie finden uns auch im Internet unter www.randomhouse.de/suedwest

ISBN 978-3-517-08226-4

Lektorat: Berliner Buchwerkstatt, Andreas Kobschätzky
Gestaltung: Berliner Buchwerkstatt, Ulrike Sindlinger
Illustrationen: Ully Arndt
Umschlaggestaltung und -konzeption: R.M.E. Eschlbeck/Kreuzer/Botzenhardt unter Verwendung einer Illustration von Ully Arndt
Bildredaktion: Sabine Kestler
Konzeption: ABC Medienagentur, Augsburg
Projektkoordination: Dr. Iris Hahner

Druck und Bindung: Těšinská Tiskárna a.s., Česky Tesin
Printed in the Czech Republic

817 2635 4453 6271